양택 풍수지리

양택 풍수지리

초판 1쇄 인쇄일 2020년 7월 20일
초판 1쇄 발행일 2020년 7월 24일

지 은 이 이재영 허영훈
펴 낸 이 양옥매
디 자 인 임흥순 임진형
교   정 조준경

펴낸곳 도서출판 책과나무
출판등록 제2012-000376
주소 서울특별시 마포구 방울내로 79 이노빌딩 302호
대표전화 02.372.1537   **팩스** 02.372.1538
이메일 booknamu2007@naver.com
홈페이지 www.booknamu.com
ISBN 979-11-5776-927-8 (03180)

이 도서의 국립중앙도서관 출판예정도서목록(CIP)은
서지정보유통지원시스템 홈페이지(http://seoji.nl.go.kr)와
국가자료종합목록시스템(http://www.nl.go.kr/kolisnet)에서
이용하실 수 있습니다. (CIP제어번호: CIP2020030136)

양택 풍수지리

陽宅 風水地理

시간적 관점에서 공간을 선택하여
적절히 활용하는 법

책과나무

❖❖❖ 머리글 ❖❖❖

풍수는 음양설을 사상적 기초로 하고 있고, 혈의 사상을 음혈과 양혈로 나누고 있듯이 풍수의 적용 대상에 있어서도 사자(死者)의 거처는 음택, 생자(生者)의 거처는 양택으로 구분하고 있다. 풍수 고전에서는 음택이 되었든 양택이 되었든 음택 이론을 동일하게 적용하되 적용 대상의 국(局) 크기만 다르다고 설명하고 있다. 그러나 양택은 묘지인 음택과는 국의 크기뿐만 아니라 여러 부분에 있어서 차이가 있다.

풍수적으로 땅을 선택하는 방법에 있어서 세 가지 관점이 있다. 그것은 삼간(三間), 즉 공간(空間), 시간(時間), 인간(人間)이다. 음택이 공간을 지향하는 것이라면 양택의 경우는 공간도 고려하지만 1차적으로는 시간의 개념이 개입되고 있다. 1일 24시간을 3분의 1씩 분야별로 나누면 일하는 시간, 잠자는 시간, 휴식 시간 등 각각 8시간씩 배당된다.

이 중에서 가장 중요한 부분은 잠자는 시간이다. 잠을 자는 동안에는 무의식 상태에 놓여 있어서 방어 수단이 없거나 인지 능력 또한 미약하다. 따라서 낮 시간대에 물에서 고기를 잡는 사람이나, 계곡부(溪谷部)에서 농사를 짓는 사람이나, 길(吉)한 곳에서 휴식을 취하는 사람이든 간에 장소가 그렇게 중요한 것은 아니라고 본다. 다만, 잠을 자면 그 시간 동안 에는 땅의 기운을 받게 되므로 장소의 영향을 받을 수밖에 없다. 그래서 잠자는 시간만큼은 올바른 자리를 골라서 자야 한다.

이는 어버이날에 부르던〈어머니 마음〉이라는 노래 가사 중에 나와 있는 진자리와 마른자리의 의미라고 할 수 있다. 생활하는 시간에는 진자리의 피해가 그렇게 크지 않지만, 잠을 잘 때에는 진자리의 피해가 우려된다. 이 때문에 절대적으로 필요한 곳이 마른자리이다. 마른자리는 어린이를 위한 어른들의 몫이다. 사람이 거주하는 양택은 시간 개념인 동시에 공간 개념인 장소적 요소가 고려되어야 하는 것이다. 그리고 인간은 이를 선택 해서 생활하게 된다. 그래서 장소 선택을 위한 풍수가 필요하다. 풍수 중 에서도 특히 양택풍수가 그렇다는 것이다.

이와 같이 양택풍수란 인간이 주체가 되어 시간적 관점에서 공간을 선 택하여 이를 적절히 활용하는 것으로 정의될 수 있다. 그런데 현재 양택 풍수를 이해하고 접근하는 방법이 이미 정해져 있는 어느 한 이론만을 답 습하거나 정형적인 틀에 얽매여 있다는 느낌을 떨쳐 버릴 수가 없다. 이 러한 이유로 양택풍수에 대한 다양한 접근 방법이 필요하다고 생각되어 망설임 끝에 평소 관심을 가지고 이것저것 정리해 놓은 양택풍수 관련 내 용을 책으로 엮어 세상에 내놓게 되었다.

특히 부록에는 풍수에 대하여 오인하거나 잘못 판단하고 있는 풍수오판 (風水誤判)을 바로잡는 방법도 수록하였다. 여기에는 새로운 주장이나 파격적인 내용도 많이 포함되어 있어, 이것을 받아들일지 여부는 오로지 독자의 몫으로 돌릴 수밖에 없다. 그렇지만 오랫동안 각종 문헌 연구와 현장 활동을 통하여 자연의 질서를 읽고 이해하면서 찾아낸 결과물임을 밝힌다. 평소 풍수에 대하여 지니고 있었던 생각을 정리한 풍수지설(風水持說)도 수록하였다.

당초에는 이 책에서 주장하는 내용 하나하나가 논문의 주제가 될 수 있어서 핵심적인 내용만이라도 골라내어 학술 논문으로 발표하고 난 뒤 책으로 출간할 계획을 세웠다. 그러나 워낙 천학비재하여 그것을 단기간에 달성하기가 어렵다고 판단하였다. 또한 이번 기회를 놓치면 다시 글을 쓸 용기가 생길 것 같지도 않고, 애써 모은 자료를 방치해 버리지 않을까 하는 걱정으로 전전반측(輾轉反側)하다가 부득이 순서를 바꾸어 책을 먼저 내놓게 된 것이다. 앞으로 여유를 갖고 시간이 허락하는 대로 학계에 연구 성과를 발표하고 평가도 받아 볼 생각이다.

아울러 이 책에서 주장한 내용에 대하여 풍수학인들의 따가운 비판도 피하지 않겠지만, 그 비판에 대하여는 반드시 논리와 근거를 제시하여 줄 것을 당부드린다. 그래야만 풍수가 한 단계 더 발전하고 논리적 체계를 갖춤으로써 제도권 학문으로서의 위치를 확보할 수 있으리라 본다. 끝으로, 이 책자를 통하여 우리 모두가 시간과 공간을 적절히 활용하는 지혜를 갖춤으로써 보다 행복하고 윤택한 생활을 누릴 수 있기를 기대한다.

2020년 7월

대표 저자: 이재영

목차

제 1 장

음·양택의 개념과 비교

양택인 집은 음택에 비하여 상대적으로 규모가 커서 음택이론의 심혈
법(尋穴法)으로는 자리를 찾기가 어렵다. 이러한 이유로 집은 다음과 같
이 차선의 방법으로 찾곤 했다. 그 방법이 바로 산, 도로, 물의 삼 요소
이다. 양택에 대해서는 이러한 세 요소로 접근해 보자는 것이다. 이는
집인 양택과 혈인 묘지의 음택과의 가장 핵심적인 차이점이다. 또한 음
택은 지기의 힘을 받지만 양택은 지기뿐만 아니라 동시에 주변의 양기도
받는다는 것이 통설이다.

1. 양택의 개념

　양택(陽宅)에서 가장 먼저 보고 판단하여야 할 것은 산이다. 풍수지리
에서 다른 요소보다도 산을 먼저 살피는 이유는 산에 지기(地氣)라는 힘
이 내재되어 있어서 그 힘을 받아야 하기 때문이다. 힘은 산맥이 연결되
는 맥선상을 통해서만 전달된다. 우리나라 모든 산의 근원이 되는 산은
백두이다.

　『산경표(山經表)』에서는 우리나라의 산줄기를 1대간(大幹), 1정간(正
幹), 13정맥(正脈)으로 분류하고 있는데, 중심 뼈대가 되는 산이 백두산
에서 출발하여 지리산까지 이어지는 백두대간이다. 백두대간을 통해 각

각의 지산(枝山)으로 맥이 끊이지 않고 연결되어 있으며, 대간과 지산이 단절되지 않고 연결된 선 구조를 능선이라고 한다. 산 능선을 통해서만 맥이 연결되는 것이지, 계곡부나 측산은 당연히 맥이 연결되지 않는다. 물론 일부는 방맥으로 연결되어 능선으로 용진하기도 한다. 문제는 산을 연결하고 있는 능선의 흐름을 정확히 판단하기가 쉽지 않다는 것이다. 따라서 가장 우선적으로 산을 이어 주는 능선을 살피는 것이 풍수지리를 이해하는 지름길이라 할 수 있다.

두 번째 고려되는 요소는 길(道路)이다. 인간이 살아가는 데 있어서 길이 없으면 엄청난 불편이 초래된다. 과거 폐쇄적인 시대에서는 인간의 활동 공간이 한정되어 있고, 길을 통한 왕래나 물동량이 적어서 길의 중요성이 크게 부각되지 않았다. 발 디딜 틈만 있으면 지게를 이용하든지 또는 걸어서 다녔기 때문에 불편함을 모르고 살았을 것이다. 그러나 지금과 같은 시대에는 길이 제대로 놓여 있지 않다는 것을 상상할 수도 없으므로 길은 중요시될 수밖에 없다.

그다음은 고려의 대상이 물이다. 물은 인간이 생존하는 데 없어서는 안 될 필수 요소이기 때문이다. 특히 물은 취락입지를 정하는 데 결정적인 역할을 하고 있다. 따라서 양택을 선택하는 데 있어서 고려할 사항은 첫 번째로 살피는 것이 산이요 두 번째는 도로이며, 세 번째가 물이다. 즉, 산이 있고 도로가 있고 물이 있는 곳에서 집터를 선택하면 된다.

그러나 도로만 있고 물이나 산이 원거리에 있다면 원거리에 위치한 지형지물은 무시하는 것이 땅을 선택하는 올바른 방법이다. 왜냐하면 원거리 지형지물의 영향은 없다고 보기 때문이다. 아주 멀리 있는 강이나 바다가 어떠한 영향을 끼친다는 것은 너무 과장된 논리이다. 양택에 영향을 끼치는 것은 멀리 있는 것이 아니라 근거리에 있는 주변의 산과 물, 그리고 사신사 등과 같은 지형지물이다. 이러한 경우에 오히려 도로가 우선시되며, 그다음이 물이고 산이 가장 후순위가 된다. 멀리 있는 지형지물의 영향이 없거나 있어도 아주 미약하기 때문이다.

산의 개념을 놓고 보면, 산은 다음과 같이 이해해야만 한다. 먼저 산에는 앞과 뒤가 있다. 산의 앞은 경사가 심하고 뒤는 사람의 몸에 살이 많이 붙어 있는 것처럼 두툼한 모습을 보인다. 일반적으로 풍수학술인들은 이와는 반대적인 개념으로 생각을 한다. 맥선을 보고 앞과 뒤를 생각해 보면 산의 앞은 인간의 얼굴이 되며, 산의 뒤는 사람의 등이 되는 이치이다.[1] 그러므로 산을 살피는 방법은 오해의 소지가 크므로 보다 심도 있는 연구가 필요하다.

양택의 대표 주자는 주택이다. 주택은 별장도 포함 되지만 건물과는 비교된다. 종묘나 사묘당(四廟堂)은 건물이지만 음택의 범주에 포함할 수도 있다. 이러한 부류의 건물을 양택이라고 하는 것도 문제로 지적될 수 있는 부분이다. 다시 말하면, 음택과 양택의 구분은 시설물의 성격으로 기준하여야 할 것인지 아니면 지표면을 기준으로 하여야 할 것인지 등에 대한 구분이 필요하다는 것이다.

---

1   대부분 사람들은 급한 곳을 뒤로, 부드럽고 살이 많은 곳을 앞으로 판단하고 있는데 이는 정반대의 개념이다.

2. 음택의 개념

음택(陰宅)은 묏자리를 지칭한다. 음택풍수와 관련하여 몇 가지 문제점이 제기되고 있다. 먼저 용어상의 문제이다. 풍수지리의 5요소는 용·혈·사·수·향으로 판단하거나 5요소에서 향을 제외하기도 한다. 혹자는 장풍(藏風)에서의 風(사신사)과 득수(得水)에서의 水(물)를 가장 중요한 2요소라 하여 풍수의 전체인 양 대변하기도 한다.

그러나 이것은 풍수를 제대로 이해하지 못한 데서 비롯된 것으로 생각된다. 단순히 풍수고전에 나와 있는 문구를 직역하여 '풍수는 장풍득수의 줄임말'이라고도 했다. 하물며 최고 전문가라고 하는 풍수술사들이나 석·박사를 취득한 대부분의 풍수지리학자들도 그렇게 인식하고 있다. 이러한 부분은 오해의 가능성이 충분히 있다고 생각된다. 더욱 우려되는 것은 앞으로도 풍수는 장풍과 득수의 준말이라고 인식되어 계속 사용될 것이라는 점이다. 지금이라도 풍수가 정말 장풍득수의 준말인지에 대한 깊은 고민이 필요하다.

풍수는 혈처를 찾는 것이 요체이다. 그냥 장풍의 풍, 득수의 수를 약칭하여 풍수라고 하는 것은 그래도 괜찮다. 그럼 어떻게 해서 용혈사수 전체를 대변하는 풍수가 장풍과 득수란 말인가? 그렇다면 혈은 어디에 있는가? 장풍으로 혈을 찾아낼 수가 있단 말인가? 어떠한 또 다른 방법이 있는가? 또는 물로써 혈을 찾아낼 수가 있는가? 그러면 장풍과 득수로 혈을 찾아낼 수가 있단 말인가? 이러한 방법으로는 혈을 찾아낼 수가 없다. 또 다른 한편에선 기구 등을 이용하여 간접적인 방법[2]으로 혈을 찾을 수 있다고 주장하는 부류도 있지만, 이 역시 올바른 답변은 아니다.

풍수는 고려나 조선 시대에 성행했다. 국가에서 시행하는 시험이 있었고 관직이 있을 만큼 성행했는데, 그 시대에 중점적으로 다룬 것은 사신사이고 그다음이 물이었다. 이러한 시대적 환경이 '장풍+득수=풍수'라는 등식이 성립되는 데 단초를 제공한 것이 아닌가 싶다.

두 번째는 혈의 존재 여부에 대한 문제이다. 위에서 언급한 시대부터 지속적으로 혈을 찾아다녔다면 현재 자연 상태에서 남아 있는 혈이 거의 없어야 맞는 말이다. 그러나 지금도 혈 찾기는 계속 수행 중이다. 이러한 의문이 제기된 근본적인 원인이 무엇인가? 고려나 조선 시대의 공부 방법론에 문제가 있기 때문인 것으로 본다. 그 당시에는 사신사나 물을 위주로 연구를 했지, 혈이나 혈증(穴證)을 위주로 한 것은 아니라고 본다. 혈증에 대해서는 그냥 참고삼아 연구한 수준일 정도로 생각된다.

그렇다면 어떠한 사고와 접근 방법을 가지고 올바르게 연구해야 하는가? 그것은 장풍과 득수 위주의 풍수 연구가 아니라 혈이나 혈증 자체를 연구하는 것이다. 사신사나 물 위주의 거시적 방법으로 접근하였기 때문에 아직도 혈은 존재하고, 남은 혈의 수가 무한정이라고 말할 수 있는 것이다.

세 번째는 음택을 조성하기 위한 산역(山役)의 문제이다. 조선 시대에는 왕릉이나 분묘의 규모가 컸다. 그 당시에만 하더라도 사신사나 물을 살피는 거시적 풍수가 유행함에 따라 실제 존재하는 혈장의 크기를 고려

---

2 그 방법은 수맥, 기맥 등 여러 가지 이질적인 방법을 총칭한다.

치 않고 봉분을 너무 크게 하거나 넓은 면적의 묘역을 확보하여 석물 등을 설치했다. 이와 더불어 음택풍수의 발복 기대 심리와 신분적 과시 차원에서 무조건 크면 좋다는 식의 묘지 조성 작업이 이루어졌음을 추정할 수 있다.

이에 대한 문제점을 지적해 보면, 혈은 크지 않고 규모가 작다는 것이다. 현장을 가서 보면 봉분의 크기는 대체로 가로 5m, 세로 5m 내외로 크게 조성되어 있다. 또한 조선 왕릉은 어떠한가? 그 규모가 대단하다. 풍수 공부를 하는 학인으로서 혈이 그렇게 큰 것인지에 대한 의문이 생길 수밖에 없고 이해도 가지 않는다. 경주에 있는 신라 왕릉은 어떤가, 다른가? 아니다. 그것도 마찬가지다. 우리가 혈이라고 말하는 규모의 크기가 아니다. 이렇게 큰 혈이 있는가?

신라 왕릉의 규모는 집의 크기보다도 크다. 이는 양택의 넓이보다 큰 것이다. 주택은 혈로 판단할 수가 없다는 것을 증명하는 것이다. 이것이 바로 음택인 묘지와 양택인 집과의 차이점이다. 혈의 규모를 놓고 볼 때 개인의 민묘 정도나, 그보다도 작게 이루어진 것이 사실이다. 양택인 집은 음택에 대비하여 상대적으로 규모가 커서 음택이론의 혈법(穴法)으로는 자리를 찾기가 어렵다.

그래서 양택인 집은 다음과 같이 차선의 방법으로 찾곤 했다. 그 방법이 바로 위에서 언급하였던 산, 도로, 물의 삼 요소이다. 양택에 대해서는 이러한 세 요소로 접근해 보자는 것이다. 이는 집인 양택과 혈인 묘지의 음택과의 가장 핵심적인 차이점이다. 또한 음택은 지기의 힘을 받지만 양택은 지기뿐만 아니라 동시에 주변의 양기도 받는다는 것이 통설이다.

네 번째는 심혈상의 문제이다. 풍수의 논리 체계가 갖추어지고 이론적으로 많은 발전을 해 왔지만, 지금도 지기가 맺혀 있는 혈을 찾아내기가 어렵다는 것이다. 그 비근한 예로 풍수학자들이 발표하는 논문의 연구 동향을 보면 간접적으로 이해된다. 나는 논문 편수가 얼마인데 누구는 몇 편의 논문을 생산해서 어느 누가 우수하다는 식으로 논문이나 서책의 수리적 또는 수량적 계산인 경우의 수가 저변에 깔려 있다. 이 부분을 어떻게 생각하고 판단해야 되는가? 참으로 비참한 생각이 든다.

현재까지 풍수지리학 전반에 관한 연구 성과가 축적되어 있으나 대개 전통 마을이나 읍성, 도시 등을 다룬 취락풍수, 사신사에 관한 연구, 물에 의한 연구 등이 주류를 이루고 있다. 이에 비해 혈, 혈증, 4상에 의한 5악이나 6악을 연구한 논문은 거의 찾아볼 수 없다. 기껏해야 혈상의 분류인 와혈, 겸혈, 유혈, 돌혈에 대한 연구가 대부분이며 혈(증) 5악과 입혈맥의 6악에 대한 연구 논문은 전무하다는 현실이다. 지금의 실정이 그렇다는 것이다. 필자로서는 풍수 연구를 논문의 수리적 측면에만 무게를 두고 왈가불가해야 하는가에 대한 회의가 앞서는 이유이다.

그래도 지금은 상황이 달라지고 있다. 하지만 아직도 갈 길은 멀다. 풍수지리 전문 과정이 개설되어 있는 학부나 대학원이 있으면서도 혈과 혈증에 관한 연구는 뒷전으로 밀리고 있다. 풍수의 목적이 혈을 찾는 것이라고 목이 터져라 열변을 토하면서도 실제는 혈을 연구하지 않고 혈이나 혈증 이외의 연구로 눈을 돌리고 있는 실정이다. 이러한 현상이 발생한 이유에는 여러 가지가 있을 수 있으나 그 주된 이유는 미시적 관찰이 필요한 혈이나 혈증 연구보다는 두루뭉술하면서 정확도가 떨어지고 해석이 조금 틀리더라도 자기 합리화가 가능한 사신사 위주의 거시적 연구를 선호하기 때문인 것으로 보인다.

　현장 활동을 통하여 혈이 형성되는 자연의 질서를 정확하게 이해하지 못한 상태에서 서적에 나와 있는 이론을 현장에 적용하다 보니, 당연히 현장과 이론의 괴리 현상이 발생되는 것이다. 이러한 괴리 현상은 연구를 포기하게 만들고 상대적으로 다루기가 쉬운 주제로 전환되도록 하고 있다. 또한 연구 내용도 미세한 부분까지 세심해야 하는 혈이나 혈증을 연구하기보다는 규모나 국이 크고 연구자에게 부담이 적은 거시적 위주의 풍수 연구로 나가고 있는 것이다. 좀 더 깊이 있는 공부와 현장 활동이 필요한 부분이다. 이외에도 여러 가지 이유가 있을 수 있으나, 이러한 부분들이 혈이나 혈증 연구를 가로막는 장애 요소로 작용하는 것이라 생각된다.

　필자는 가르치는 선생과 이를 배우는 학생들의 수준이 낮아서인지 아니면 혈의 접근 방식이 어려워서 인지 등 온갖 상상을 다해 보지만 이유가 어떻든 간에 혈에 대한 연구가 부족한 것은 사실이다. 이것이 우리 풍수계가 처한 현실이라고 생각하니 안타까울 따름이다. 논문의 편수가 적으면 어떻고, 저술한 서책이 없으면 어떤가. 다른 주제의 풍수 논문이 아무리 많다고 하더라도 풍수의 핵심인 혈을 이해하지 못하면 반풍수에 지나지 않는다. 풍수학인이라면 한 편의 논문이라도 혈과 혈증에 관해 연구를 시도하는 자세가 필요하다고 본다. 지금도 자연에 임해서 찾아 보면 혈은 남아 있고, 미래에도 혈은 역시 존재할 것이다. 사신사인 풍 공부와 득수인 수 공부를 한다면 혈은 남아 있을 것이고 존재한다. 그래서 풍수(장풍+득수) 공부가 아닌 혈 연구가 필요하다.

　하나만 더 첨가하면, 음택은 능원묘와 태실로 구분해야 한다고 본다.

이는 발복 차원에서 차이가 있기 때문이다. 묘지는 후손에게 영향을 끼치지만, 태실은 살아가는 본인에게 있다. 능원묘와 태실이 같은 음택의 범주에 속하는 것으로 분류할 수 있지만 얻어지는 발복의 영향은 같을 수가 없다는 사실이다.

3. 음택과 양택의 비교

음택과 양택을 비교해 보면 차이점이 확연하게 드러난다. 형태 및 구조에 있어서 음택이 타원형으로 원·방·각의 원이 대부분인데, 조선 왕릉이나 신라 왕릉과 사대부 민묘들의 묘지도 거의 원형으로 되어 있으나 양택인 집은 주로 역장방형으로 이루어져 있어 맥선으로 보는 방법으로는 배치된다. 또 다른 방법인 기운의 경우는 음택이 지기로 받는 반면, 양택은 지기도 받지만 양기를 많이 받고 있다. 그래서 일본은 양택의 흐름으로 풍수가 발전되어 왔으며 이에 비해 우리나라는 지기를 원천으로 하는 묘지가 성행하였다.

지표면을 기준으로 음택이 지표면 아래에 위치하고 있으나 양택은 지표면 위에 있다. 음택은 지하부에, 양택은 지상부의 공간을 활용하고 있다는 점에서 차이를 보이고 있다. 또한 사자와 생자를 기준으로 할 때는 땅속엔 사자가, 땅 위엔 생자가 존재한다. 발복의 경우 음택이 손아래 후손에게 영향을 미치는 반면에, 양택은 거주자가 받는다고 보나 혹자에 따라 출생자도 영향을 받는다고 한다. 이에 대해서는 별도의 깊이 있는 연구가 필요하다.

어느 누가 주장하든, 그렇게 생각하든, 풍수지리의 핵심은 혈이다. 사신사를 연구해도 혈을 알아야 하고, 물을 연구해도 혈을 알아야 하며, 용이나 좌향을 연구해도 혈을 알아야 기본적이고 근본적으로 접근하여 풍수를 풀어 나갈 수가 있다.

후손의 영향 측면에서 볼 때도 음택은 후손에게 연계되나 양택은 생활을 하지 않거나 다른 곳으로 이사를 가면 그에 따른 영향은 단절되어 효력이 없다. 혜택을 보는 사람으로 보아서도 음택은 존재하는 사람 전체에게 있으나 양택은 실제로 거주하는 거주자에게만 있다. 지상의 형태를 살펴보면 음택은 봉분으로 되어 있으나, 양택은 대부분 건물로 되어 있다. 그리고 음택의 자재로는 흙이 주로 사용되고 있으나, 양택은 흙 또는 건축 자재로 되어 있다.

앞에서도 언급이 되었지만 배치 방법에 있어서는 음택이 상하의 길이가 긴 종대로 되어 있는 반면, 양택은 좌우가 넓은 횡대로 배치되어 있는 것이 일반적이다. 그에 따른 판단 방법은 음택이 미시적인 데 비해 양택은 거시적으로 분석하는 경향이다.[3] 규모는 음택이 크지 않은 소면적이나, 양택은 큰 면적으로 되어 있다. 분석 방법은 음택의 경우 5악으로 하는데 더 나아가서는 6악으로 분석하지만, 양택은 사신사 또는 최소한으로 길, 물, 산으로 분석한다. 관리 정도에 따라서는 음택이 간편하게 이루어지나, 양택은 복잡하게 이루어진다.

거주 형태에 따라서도 구분해 볼 수 있는데, 음택이 명절이나 기일 등 특정한 날에 성묘를 하기 위해서 잠시 들르는 반면에 양택은 그 집 안에

3　음택은 6악으로, 양택은 사신사로 판단하기 때문이다.

서 상주하면서 생활하게 된다. 보존 기간은 음택이 이장 등 특별한 경우가 아니면 영구적으로 존치되는 반면, 양택은 거주자가 이사 등으로 이동하거나 사망하면 지속적으로 생활할 수 없으므로 비영구적이다. 선호하는 국가별로도 구분할 수 있는데 음택은 우리나라와 중국에서, 양택은 일본에서 발전된 모습을 보인다.

발복 기간은 음택이 후손에게 연계되므로 장기적이며, 양택은 단기적이다. 구조에 있어서는 음택이 재혈과 봉분 조성 한 번으로 대부분 끝나지만, 양택은 수시로 관리를 하여야 하므로 복잡하다. 발복 형태의 경우는 음택이 DNA의 뼈에 관한 발복이 된다고 보나 양택은 양기나 구조물에 의한 영향이다. 치장 정도는 음택이 작고 적으며, 양택은 크고 많다. 대상물에 있어서도 음택이 초화류 등 작은 식물을 활용하고 있으나 양택은 상대적으로 큰 수목 등을 활용한 방법으로 조경 의존도가 높다.

비보 방법에 있어서도 음택은 활용이 거의 없고 양택은 비보와 엽승이 따른다. 지기가 멈춘 정도를 살필 때에는 음택의 경우 반드시 용맥의 좌우선으로 틀어서 멈춤이 있어야 하는 곳인 반면 양택은 맥선상에 위치한다. 삼간(三間)의 경우 음택은 공간과 시간이며, 양택은 공간·시간·인간이다. 여기서 음택의 경우 시간 중에서도 일부만 포함된다. 그 일부 시간이란 사초(莎草)나 시제(時祭) 등 일시적으로 사용된다는 기한이다.

주변 환경적 측면에서는 음택이 엄숙한 곳인 반면에 양택은 쾌적하고 생활이 편리한 곳이다. 사람에 의한 호응도는 음택의 경우 공동묘지나 공원묘지 조성 시 대부분 반대 운동을 하는 님비 현상이며, 양택의 경우는 좋은 건물이나 보기 좋은 건물은 내 집 앞에 설치하는 것을 선호하는 핌피 현상이 일어난다.

면적은 음택이 5평 이내, 양택은 20평 이상이다. 온도는 음택이 지온이며, 양택은 기온으로 비교되며 온도 추이는 음택은 일정하나 양택은 4계절에 영향을 많이 받아 변화가 잦다. 온도에 따른 관계 변화는 음택은 고정되나 양택은 기온에 상당히 유동적이며 차이가 많이 난다. 이에 따른 발전 추이는 음택은 화장 등으로 점차 줄어드는 경향이나, 양택은 별장 등 웰빙 분야로 확대된다. 성향은 음택은 발복이 되지 않는다는 논리로 회의적이나, 양택은 보편적이다. 희망 정도는 음택이 극히 저조한 2%[4] 정도의 일부분이나 양택은 별장 등을 선호하며 대부분 보편적인 경향으로 미래를 선호한다.

　　분포 형태는 음택이 산발적으로, 양택은 집단적으로 존재한다. 발복 근원은 음택이 지하 1.5m 내외로 땅속이 되나, 양택은 지상이다. 공간 정도는 음택이 추모의 공간이나, 양택은 휴식과 안전한 삶을 추구하는 공간이다. 형태 발전 추이는 음택이 공원묘지 등으로 집단화가 되며, 양택은 주말 별장 등의 용도로 변화되는 경향이다.

　　사용 횟수는 음택은 한 번으로 만족함이 마무리되는 듯하나, 양택은 여러 번의 관리가 필요하다. 하지만 음택은 장법 등 한 번의 비용이 들지만, 양택은 집을 짓는 비용은 방법별·목적별·용도별·시차별 등 천차만별이고 상대적으로도 많은 비용이 들어간다.

　　이처럼 음택과 양택은 여러 차이를 나타내는데, [표 1]과 같이 정리하여 비교해 볼 수 있다.

---

[4]　화장률이 일본은 98% 정도이지만 순수한 2%는 매장을 한다. 우리나라 또한 화장이 급격하게 증가하고 있으나 극히 일부인 2~5%는 6악(5악에 입혈맥을 추가)을 찾아 매장을 원칙으로 생각하여 진행할 것으로 예상된다.

[표 1] 음·양택의 비교

비 교	음택(묘지) 자리	양택(집) 자리
주된 국가	중국, 우리나라	일 본
기 준	혈	풍 수
분석 방법	미시적	거시적
범 위	협의적	광의적
바 탕	자 연	인 공
배산임수 등	일부(배산만)	전부
형태 및 구조	타원형(원) 〉 방	역 장방형(방) 〉 각
기 운	지 기	지기 〈 양기
지 위	지표면 아래	지상
생 사	사(死)	생(生)
발 복	손아래 후손	거주자
후손 영향	연 계	단 절
혜택 인원	후손 전체	주거자
지상 형태	봉분(시신)	건물(사람)
자 재	흙	흙+건축 자재
배치 방법	종 대	횡 대
과학적 접근 인식	과학적	환경적
정확 정도	정확(5악에 의한 혈(코))	부정확
규 모	작다	크다
분석 방법	6악	4신사
양득양파	겸혈 해당	무의미
호리지차	중 요	대 충
관리 정도	간 편	복 잡
거주 형태	주기(제사나 명절)	상 시
보존 기간	영 구	비영구
호 발전 국가	우리나라, 중국	일본

발복 기간	장기	단기(거주 기간)
구 조	단순(재혈과 장법)	복잡(구조)
발복 형태	뼈(DNA)	양기, 구조물
태실과의 관계(의미)	무	당사자(태실과 같다)
치장 정도	소	대
대 상 물	석물과 소량의 나무와 초화류	다량의 조경
비보 방법	무(혈증 위주)	비보+엽승
멈춘 정도	멈춘 곳(정지)	맥선 상(일시 정지)
3 간	공간+시간(일부)	공간+인간
주변 환경	엄 숙	쾌 적
반 응	두려움	신선함
호 응 도	님 비	핌 피
면 적	5평 정도	20평 이상
온도(수온)	지 온	기 온
온도 추이	일 정	변 화
온도 관계 변화	고 정	유동과 차이
발전 추이	감소(극소수 적극적)	별장 희망(Well-being)
성 향	회의적(발복 무)	보편성(일반적 생활)
희망 정도	극히 일부(2% 정도)	대부분 선호
분포 형태	산발적	집단적(마을)
발복 근원	땅속(-2m 이내)	지상(0m 이상), 지하는 문제
공간 정도	추 모	휴식 혹은 행복과 안전
형태 발전 추이	집단(공원 묘지화)	주말 별장 등으로 확대
경 사	경사지	평탄지
물 거 수	순 수	역 수
사용 횟수	1 회	수 시
비 용	저비용	고비용
논 문 수	거의 없다	많 다
논문 기술 정도	혈증이 어렵다	혈증보다 접근이 쉽다

제 2 장

양택의 입지와 구조

음택은 자연에서 혈 자리를 찾아 선택하는 것이고 양택은 인간에 의해 만들어져 사람이 살아가는 것으로, 전자는 저절로 된 자연이고 후자는 인간이 창조한 피조물이다. 『황제택경』에서 "집이라는 것은 인간의 근본이 되는 우주로서 사람에 의해 집을 건조해 가정을 꾸미게 된다. 거처하는 곳이 만약 편안하게 되면 가정이 대대로 번성하고 좋은 일이 생기지만 집이 불안하면 가문이 쇠하고 미천해진다."라고 하여 집의 미침이 사람에게 그만큼 중요하다는 것을 강조하고 있다.

1. 양택 입지의 3간법

    양택의 입지 조건을 살피는 데 있어서 가장 중요한 3가지 간법(看法)으로는 배산임수(背山臨水), 전저후고(前低後高), 전착후관(前搾後寬)이 있다. 이러한 양택의 기본 조건 외에도 양택을 살피는 여러 조건이 있을 수 있다. 집의 경우 배산임수도 사람이 찾아서 배치를 하는 것이고, 전저후고도 '3·2·1'공법에 따라 인간이 조치를 해야 하고, 전착후관도 대문이나 울타리를 인간이 선택해서 취해야 한다.

1) 배산임수

집 뒤에 산이 있으면 무조건 배산이라고 해석하는데, 이것은 틀린 말이다. 맥선이 내려오는 용맥선상에 집을 지어야만 올바른 배산이 된다. 임수 또한 같은 용도로 집 앞에 물이 있으면 임수로 판단하는데, 이 또한 경계해야 될 내용이다. 시중에서는 순수하게 해석하여 너무나 가볍게 다루고 있는데 절대 오해해서는 안 된다. 흔히 강단에서는 현장 관산을 통하여 잘못된 의미의 배산임수를 가르치고 있는 것을 볼 수 있다. 이러한 가르침은 아주 잘못된 것으로, 풍수적으로 크나큰 아픔을 주게 된다. 가르치는 사람이 잘못 해석해서 후학도에게 전달된다면 이것이 계속 반복적으로 이어져서 그 아픔은 배가될 것이다. 이러한 과오를 범하지 않기 위해서는 배산임수의 진정한 의미를 깨달아야 한다.

집을 짓는 데에 있어 배산은 맥선을 그대로 받는 것이다. 이것이 바로 자연향이자 지세향이다. 맥선의 흐름이 남쪽에서 진행된 산이라면 북향을 하여야 한다는 개념이다. 이러한 향[5]이 자연적으로 이루어진 방향인 것이다. 자연향은 산의 흐름이 어느 곳에서 오든지 간에 오는 맥선의 방향대로 놓으면 된다. 자연의 이치를 벗어나서 남향이나 동향 혹은 남동향의 향만 고집해서는 곤란하다. 또한 전후좌우의 상대향 개념으로 집을 놓는 경우도 있지만, 이것 역시 잘못된 방법이다. 향이 중요하지 않다는 것이 아니라 자연향을 하여야만 역으로 된 생활이 아니란 것을 강조하는 말이다. 따라서 집의 향은 남향이나 동향으로의 방향이 중요한

---

5   향은 3가지로 구분된다. 절대향은 동서남북의 고정된 개념이다. 4방위는 변화가 없고 고정된 것이다. 상대향은 방향이 변경된다. 좌측이 앞이 될 수도, 뒤가 될 수도 있어 방향이 변경된다. 집을 어떻게 짓느냐에 따라 방향은 유동적이다. 이에 비해 자연향은 배산임수에 의해 정해진다. 산의 흐름에 따라 동에서 오면 서향을 해야 되며, 산이 남에서 오면 북쪽으로 향을 놓아야 되는 것이다.

것이 아니라 맥선에 집을 놓아야만 제대로 된 자연향이 되는 것이다.

임수란 자연향이 되면 자연스럽게 집 앞은 물이 되게 된다. 배산임수는 양택의 첫 번째로 중요한 논리로 무엇보다 자연(自然)[6]의 의미가 있는 것이 자연향의 배산이며 집 뒤가 배산이 아니란 것을 읽어 내는 지혜가되어야 한다. 이에 따라 배산이 되면 물은 자연스럽게 마주하게 되는데, 이것이 바로 진정한 의미의 배산과 임수이다.

2) 전저후고

전저는 '3·2·1' 공법이다. 필자가 평소 주장하는 이론이다. 대부분의사람들은 통상적으로 배산과 전저를 같은 개념으로 이해하고 있다. 배산의 기울기나 전저의 기울기를 하나의 동일한 의미로 인식하여 같은 것으로 판단하고 있다는 것이다. 이렇게 이해하기 시작한 것이 언제부터인지또는 누가 설명하였는지는 모르겠으나 이는 분명 문제가 있는 것이다. 배산이 되면 앞이 낮아진다는 것이 일반적인 풍수의 이론으로 정착되어가고 있다. 이는 견해의 차이일 수도 있겠지만 아주 잘못된 판단이다.

음택이든 양택이든 평탄한 곳이 자리이다. 물론 음택의 혈이란 혈증이있어야 되지만 양택은 음택 개념과는 차이가 있다손 치더라도 평탄한 곳이 자리인 것은 마찬가지이다. 그렇다면 집 자리의 앞이나 뒤의 높이가유사하다. 이러한 자연도 전저후고라고 말할 수 있는가? 아니다. 배산만 이해한다면 자연적인 조건으로 보았을 때 앞이 낮아서 전저로 하겠지

---

6 自然은 스스로 자, 그럴 연할 연 자로 시간을 두고 스스로 그렇게 만들어지는 것을 의미하므로 역으로 되거나 그르치게 해서는 되지를 못한다는 엄청난 무언의 힘이 작용하는 것으로 이해된다. 이는 순리의 의미가 강하다.

만, 이때의 의미는 자연이 아닌 사람에 의한 전조로 앞을 낮게 조성하는 기법이 전조이다. 이는 자연의 힘과 인간의 조성상 차이이며 이에 따른 의미상의 내용은 차이가 크다. 즉 전저는 사람에 의한 인간의 창조물이다. 바로 이것이 3·2·1 공법이다.

건물은 평탄면을 찾아 자리하다 보니 앞과 뒤의 높낮이는 같다. 그러므로 이러한 평탄면에서는 3·2·1 공법이 되어야 된다. 집의 중심 건물의 기단은 3단으로, 부속 건물의 기단은 2단 혹은 1단으로 처리하는 것을 말한다. 2단과 1단의 구분은 물이 나가는 곳을 2단으로 하고 유입부는 1단이 된다. 이러한 원리가 앞이 낮은 전저요, 주건물의 뒤가 높은 후고의 논리이다. 따라서 배산과 전저후고의 개념은 같은 것이 아니므로 분명한 개념 정립이 필요하다. 진정한 의미의 전저후고에 대한 논리를 제시해 보는 것이다. 배산임수가 첫 번째라면 전저후고는 그다음의 차선책이다.

3) 전착후관

전착후관은 앞이 좁고 뒤는 넓다는 의미로, 집의 경우 출입구는 좁지만 안으로 들어가면 넓게 트여 있는 배치를 말한다. 출입구는 대문 또는 현관문이 될 수 있다. 전착은 풍수적 논리로는 수구관쇄와 유사하며, 쌀을 담는 포대 형태의 개념이다. 입구가 좁고 뒤가 넓게 형성된 모양이 부를 상징하는 쌀자루의 개념이라고 보면 이해가 쉬울 것이다.

이러한 풍수적 작용을 놓고 볼 때, 전착은 대문을 만드는 방법이다. 대문을 만들면 입구가 좁아지는 원리가 되기 때문이다. 입구를 좁게 하는 전착은 내 집에 들어온 재물은 쉽게 나가면 손해가 된다는 개념이다.

즉, 아래 입구를 넓지 않게 하는 방법으로 해야만 길운이 '들어온다'고 하는 원리이다. 양택은 이러한 세부적인 부분까지도 뜻을 두어 조성할 때, 보다 나은 긍정적인 효과가 나타나게 될 것이다.

2. 양택 입지의 고려 요소

1) 물길

대문과 연계하여 생각할 필요가 있는 것이 물길이다. 흘러가는 물길과 울타리가 함께 있어야 된다는 원칙이다. 앞의 물길과 마당의 물길이 역수가 되도록 하는 방법이다. 울타리 밖의 물이 우측에서 좌측으로 나가면 울타리 안의 물은 좌측에서 우측으로 나가도록 하는 것이 역수이다. 이때 대문은 우측에 설치함으로써 우측으로 물이 자연스럽게 나가게 된다.

이에 따라 왼쪽의 울타리는 비교적 강하게 다루어야 한다. 만약에 좌측에 대문이 만들어지면 좌측이 약하게 되므로 집 전체를 볼 때에는 집의 균형이 좌측으로 기울게 되는 현상이다. 이럴 경우 집을 바라보는 사람이나 집 안의 거주자는 기운 형태가 되어 불안해진다. 풍수에서는 이를 엄청 흉하게 보고 있으며, 실제상으로도 좋지 않다. 그러므로 전착은 대문과 외수의 물길 흐름이 상호 조화를 이루어야 길한 현상이 나타나게 되는 것이다.

2) 경사도

양택의 경우 어느 하나 빠트릴 수 없을 정도로 자연을 이루는 여러 요소에 영향을 받는다. 그중의 하나가 경사이다. 지적도의 여건에 따라 건축법의 허가 등을 받아 집을 짓고 있지만 울타리 설치 시 마루나 응접실에서 보는 울타리는 너무 높거나 낮은 경우, 혹은 거리가 멀거나 가까운 경우에 조망이나 풍수적인 문제가 대두될 수 있다.

이와 관련된 경사가 d/h 비율이다. 이는 쉬우면서도 사용하기가 비교적 편하다. 잘 활용해 보면 이해가 될 것이다. 그 내용은 다음과 같다. d/h 비 1:1은 45°, d/h 비 1:2는 27°, d/h 비 1:3은 18°, d/h 비 1:4는 14°, d/h 비 1:5는 12°, d/h 비 1:6은 11°이다. 이를 뒤집어서도 나타낼 수 있는데 d/h 비 2:1은 63°, d/h 비 3:1은 72°, d/h 비 4:1은 76°, d/h 비 5:1은 78°, d/h 비 6:1은 79°이다.

이에 대해 설명을 덧붙이면 다음과 같은 수치가 나올 수가 있어 참고적으로 이해했으면 한다. 주먹을 쥐고 팔을 쭉 뻗어 주먹의 하단부를 눈높이에 맞추면 된다. 이때 주먹의 상단부를 바라보는 경사각이 10°이다. 손을 펼쳐 같은 방법으로 손가락 끝을 바라보면 20°가 된다. 이에 대해 뒤집어서 보면 80°와 70°를 구할 수가 있다. 그렇다면 90° 각도 속에 모두 14개의 경사각을 선택할 수 있다. 다시 세분해서 이해하기 쉽게 나열하면 10°, 11°, 12°, 14°, 18°, 20°, 27°, 45°, 63°, 70°, 72°, 76°, 78°, 79°, 80°의 각인 전체 15개의 경사 각도를 알 수 있다.

d/h 비를 바꾸어 이동하면, 15개에 45° 하나를 빼면 전체는 14개가 된다. 이는 90°상에서 임의로 알 수 있는 각은 29개가 된다는 말이다. 이러한 각각의 각은 어떤 특정된 연장이나 기기 없이도 활용이 가능하다.

29개는 올려다보는 앙각과 내려다보는 부각이다. 이에 더하여 부각은 −10°, −11°, −12°, −14°, −18°, −20°, −27°, −45°, −63°, −70°, −72°, −76°, −78°, −80°로 환산된다.

그리하여 총 90°에 관한 각도는 29개로 산정된다. 앙부각의 수치가 커지면 경사가 급하게 되며 수치가 낮으면 완경사가 된다. 경사의 기준점은 지구의 지축이 기울어진 각도인 23.5°로 그 기준이 된다. 즉, 23.5° 이상이면 급경사이고, 23.5° 미만이면 완경사지이다. 왕릉에 올라갈 때 허리를 굽혀 올라가는 모양새는 급경사이다. 집에서 울타리와의 관계는 d/h 비가 통상 3과 4인 것이 적당하다. 이는 경사가 18°와 14°이다. 집을 건축하고 울타리를 조성할 때 d/h 비가 3이나 4가 되도록 하는 노하우가 필요하다. d/h 비율에 대한 경사각의 앙부각은 다음 [표 2]와 같다.

[표 2] d/h 비율

d/h 비율	1:1	1:2	1:3	1:4	1:5	비 고
+ 경사각	45°	27°	18°	14°	12°	앙 각
역 경사각	45°	63°	72°	76°	78°	부 각

3) 황금비와 금강비

집을 지을 때 가로비와 세로비의 규칙성이 있어야 의미가 있다. 제대로 된 건물을 짓기 위해서는 비율이 맞아야 하는데, 만일 비율이 맞지 않으면 모양새가 우습다. 미를 추구하기 위해서는 아름다움의 비가 있어야 하며, 실용적인 의미가 된다면 실용의 비가 있어야만 그 건물의 목적에 합당하게 지어진다. 그렇게 해야만 건물의 취향에 맞는 올바른 건축이 될 것이다.

황금비는 건물의 모양새가 아름다움을 추구하는 건물이므로 별장이나 사찰의 대웅전을 건축할 때에는 이 비율을 적용하는 것으로 파악되고 있다. 그 비율은 세로와 가로가 1:1.618의 비율이다. 손을 펼쳐 보아 첫째 마디 손가락과 둘째 마디 손가락의 비율이 황금비이다. 이렇게 하는 방법으로 손과 아래의 팔이 황금비율이 되며 주먹을 쥔 길이와 손바닥을 펼친 손가락의 길이는 같다. 아름다움을 목적으로 하는 황금비를 응용하여 우리 생활에 적용시키는 사례를 많이 볼 수 있다. 책이나 명함이나 신문 등이 황금비가 적용되고 있으며, 그 외에도 많은 부분에 있어서 황금비를 활용하여 미적 요소를 배가시키고 있다.

이에 비해 금강비는 농가주택이나 공장을 지을 때 많이 활용된다. 금강비로 건축하여야 건물을 실용적으로 사용할 수 있다. 황금비와 금강비의 두 비율은 [표 3]과 같이 비교해 볼 수 있는데, 각각의 특색이 있으므로 이를 고려하여 양택에 적용하면 많은 도움이 될 것으로 본다.

[표 3] 황금비와 금강비의 비교

구 분	황금비	금강비	비 고
비 율	1:1.618	1:414	세로비:가로비
목 적	아름다움	실 용 적	
도입 근거	외 국	국 내	
원 리	피타고라스	보자기, 방석	
활 용	별장, 대웅전	농가주택, 공장	
개 념	아름다움비	루트비(실용)	

수 목	조경수	분재용	줄기:수관
용 도	명함, A4 용지 등 다용도	목적(책 등)에 의함	

4) 북서고 동남저

북서고·동남저는 절대향의 개념이다. 먼저 북서고는 어른 방위로서 겨울철 계절풍을 맞는다. 이 향은 시베리아 기단에서 불어오는 찬 냉기의 겨울바람을 맞아야 하는 방향이다. 동남저는 여름철 필리핀 기단에서 불어오는 시원하고 바람의 강도가 센 강한 바람을 받아야 하는 방향이다. 두 방향은 상대적인 개념이다. 시베리아 기단은 바람을 막아야 하고, 필리핀 기단은 바람을 받아야 한다는 기본적인 기상의 덕을 이해해야 된다.

차가운 것은 막아 방어하고, 시원한 것은 받아서 여름철 더위를 잊게 한다. 겨울철 차갑고 견디기 어려운 바람에 대하여는 북서 방향을 높게 설치하는 가산으로 그 바람을 차단하며, 동남 방향은 여름철 답답함을 시원하게 할 수 있도록 바람의 통행이 많아지도록 동남 방향을 낮게 설치하는 지혜가 필요하다.

집을 짓고 사는 장소에서는 북서고 방향에는 주변의 담을 높게 하는 방법으로 설치하고, 동남쪽 주변에는 울타리의 높이를 낮게 하는 요령이 필요하다는 것이다. 방향에 따른 울타리 설치를 적절히 함으로써 보다 쾌적한 생활을 누릴 수 있게 되는 것이 자연을 이해하는 지름길이다.

5) 황토집과 목재집

1970년대의 건물은 나무집이나 황토집이 많았다. 1980년대는 함석집이 다수였다. 1990년대는 철재집, 2000년대는 패널집이 다수였으며, 그이후에는 FRP라는 화학적 재료의 집들이 만들어졌다. 관공서의 건물도 이렇게 지어지고 있으나 지금은 오히려 1970년대 이전의 시대로 되돌아가고 있다. 1970년대로 회귀하는 이유는 건강과 웰빙을 찾게 되면서부터이다. 이를 다른 말로 표현하면 1980년대 이후의 집들은 우리에게 좋은 이미지를 심어 주지 못했기 때문이라고 생각된다.

인간이 불을 활용하여 생활하는 방식의 추이를 살펴보면, 1970년대 이전에는 나무로 부엌 아궁이에 불을 지폈으며 1980년대에는 연탄이, 1990년대에는 석유가 주 연료였다. 2000년대에 와서는 전기로 방을 데웠다. 그 이후로는 가스 등 복잡하게 사용되었다가 다시 나무로 된 '아궁이'를 찾게 된다. 이는 건강제일주의가 상식으로 통하는 시대가 되므로 당연한 이치이다. 인간은 이로운 것을 자유롭게 선택할 수 있다. 그러므로 좋은 땅에다, 좋은 재료를 선택하여 집을 짓는 지혜가 필요한 것이다.

아무리 조건이 좋은 길지의 땅이 있다손 치더라도 집을 짓는 재료가 올바르지 못하다면 무슨 소용이 있겠는가. 좋은 땅에는 좋은 재료로 시공하는 것이 중요하다. 1차적으로 좋은 땅을 선택하고 2차적으로는 좋은 재료를 골라서 건물을 지었다면 그다음 3차적인 것은 좋은 땅에 좋은 재료로 지은 집에서 잘 사는 것이다.

올바르지 못한 땅은 아무리 좋은 재료로 집을 짓더라도 질이 좋아지지 않는다. 사건이나 사고가 잦아 계속적으로 이러한 사(事)가 일어난다면 건행(建幸)에 대한 아무 의미가 없으므로 1차적인 것은 좋은 땅을 찾는 것이다. 그다음이 재료인데, 건강에 좋다는 황토라 해도 변질되었다면 시공 재료로 사용해서는 안 된다. 반드시 오염이 되지 않는 재료를 선택해야 되고 재료는 그 지방에서 생산된 것이 좋다. 타지나 이국땅에서 생산된 재료는 운반비 등 금액이 많이 들어갈 뿐만 아니라 이질감이 생겨 좋지 못하다. 재료가 선택되고 난 뒤에는 살아가는 방법이 나와야 하는 것이다.

6) 충 피하기

집을 지을 때 건물의 배치가 자연스럽지 못한 경우가 있다. 대문에 들어서면서 집 안이 다 보이게 되면 좋지 못하다. 이때 필요한 것이 차폐이다. 차폐의 목적은 안에서는 들어오는 사람을 살필 수가 있어야 하나, 들어가는 사람 입장에서는 보이지 않게 하는 것이다. 이것이 차폐의 기술이다. 이는 차단물의 높이, 재료, 방법 등에 따라 달라진다. 통상 대지는 진입로보다 높게 되어 있어 들어오는 사람의 높이보다 집이 높기 때문에 담이나 차폐 재료를 이용하여 그에 따른 높이를 조절해서 설치한다. 차폐물이 너무 높거나, 낮게 하면 의도하는 목적을 달성할 수 없으므로 차폐물의 높이를 설정하는 것이 가장 우선이다.

그다음은 재료인데 흙으로 할 것인지, 나무 등 식물로 할 것인지의 선택이다. 돌이나 흙 등을 이용하여 만든 담은 안이 전혀 보이지 않는 것이 특징이고, 식물로 하는 울타리는 부분적으로 보이는 특징이 있다. 이를 잘 활용하여 각각의 재료상 특징을 적절히 살리는 것이 좋다.

세 번째는 건물의 구조를 어떻게 하느냐 하는 방법론으로, 집 안에서 보아 'ㄱ'자로, 'ㄴ'자로, 'ㅡ'자로 할 것인지를 결정하는 것이다. 집 안의 구조나 대문의 구조를 판단해서 건물을 배치하는 것이 효과적이며,

여러 가지 여건을 고려해서 집 안의 구조를 만들어야 한다. 올바른 차폐가 되었는지에 대한 판단은 대문 밖에서 해야 한다. 차폐 목적이 오고 가는 사람 간의 충(沖)을 막아 보고자 하는 데서 비롯된 것이므로 신경을 써야 할 부분이다.

참고적으로 4택론, 즉 동사택과 서사택 이론은 배척되어야 마땅하다고 생각된다. 4택론은 양택 3요[7]와 배치(背馳)된다. 특히 양택의 3간법 중에서도 배산임수와는 논리가 맞지 않아 정면으로 배치된다. 능선상의 좌측이나 우측은 측산이 되어 물을 얻는 득수의 시발점이 된다. 물의 득수는 물길이기 때문에 맥이 멈추거나 진행하는 곳이 아니다. 이는 순수한 의미의 득수, 즉 물길이다. 사람이 살아가는데 물 위에서는 그에 따른 피해가 있고 정도가 크고도 많다. 이런 곳을 피해 가기 위해서 음·양택 여부를 불문하고 능선상에 입지시키는 것이다.

집 안의 대문, 안방, 부엌을 양택삼요라고 하는데 그중에서도 안방은 하루 24시간 가운데 3분의 1인 8시간을 무의식 상태로 잠을 자는 장소이다. 그렇기 때문에 지기의 영향을 가장 많이 받으며, 좋은 곳에서 잠을 자야만 충분한 수면을 취할 수 있고 피로가 빨리 회복되는 것이다. 상대적으로 대문과 부엌의 경우는 낮 시간에 활동하는 곳으로 오랜 시간 동안 있어도 피해 정도가 크지 않다. 힘은 맥선을 통해서만 전달되므로 용맥의 측면은 힘의 전달이 미약하거나 전달되지 않는다.

4택론에서 길한 자리라도 측면 자리에 위치할 수가 있어 배산과는 길

---

7 양택 3요와 3요소는 통상 차이를 둔다. 3요는 문주조의 대문·안방·부엌으로 집의 내적인 것을 말하며, 양택 3요소는 배산임수·전저후고·전착후관으로 집의 외적인 요소를 의미한다는 점에서 차이가 있는 것으로 이해된다.

흉 판단의 충돌이 일어날 수밖에 없다. 그래서 4택론과 배산을 같이 사용한다는 것은 논리상의 문제가 있다. 만약 4택 이론을 받아들이게 되면 맥선상에 위치하지 않는 측면도 길한 장소로 판단하는 우를 범할 수 있다. 이는 풍수의 근본 원리를 부정하는 격이 되는 것이다. 따라서 4택론의 동사택과 서사택 역시 하나의 풍수이론이기는 하지만 정론으로 받아들여질 여지는 없다.

3. 양택 구조의 3요소

양택의 내부를 구성하는 요소로는 대문, 안방, 부엌, 화장실, 거실 서고 등이 있다. 이 중에서도 문(門: 대문이나 현관), 주(主: 안방), 조(灶: 부엌이나 주방)를 '양택 3요'라 하여 대단히 중시하고 있다.

대문은 아침에 일어나서 출근하는 시간 또는 낮 시간에 활동하다가 집으로 돌아오는 시간대에 주로 사용된다. 활동 시간에는 풍수지리적인 의미가 그렇게 중요하게 다루어지지는 않는다. 다만 좋은 조건이 이루어진다면 보다 좋은 곳에 대문을 설치하면 금상첨화이다. 그러나 좋은 곳은 1~2군데의 일부에만 존재한다.

또한 대문은 물의 방향을 보고 판단해야만 올바른 배치 방법이 된다. 집 밖의 외수가 우선이면 대문은 우측에, 좌선이면 좌측에 설치하는 것이 좋다. 이 방법은 역수를 염두에 두고 하는 의미이다. 한강과 청계천은 역수의 물 흐름이다. 역수는 용맥의 진행을 방해하는 역할로서 더 이상 진행을 못하게 하는 것이 물이다. 결국 용맥보단 물의 위력이 크고

강하다. 그러므로 역수는 같은 방향이 아닌 상호 교차적인 물의 흐름이 되어야 한다. 따라서 대문은 바깥의 물과는 순이 아닌 역으로 흐르도록 설치해야만 한다.

앞에서도 언급하였듯이 안방은 양택 구성의 3요소 중에서 가장 으뜸이다. 1일 24시간을 나누어 보면 8시간은 일하고, 8시간은 잠을 자며, 8시간은 보조적인 시간으로 구분된다. 일반적으로 일하는 8시간은 직장 일이나 자가 일에 소요되는 시간으로 실제 활동을 한다. 그리고 다음 8시간은 휴식과 준비 시간 등 여러 가지 잡다한 시간이다. 그다음이 잠을 자는 수면 시간이다. 수면은 비활동적으로 쉬는 시간인 만큼 집에서 가장 좋은 환경 조건이 갖추어져야 한다. 이 시간대에 불면으로 잠을 이루는 상태이면 아무래도 생체 리듬이 깨어지고 피로도도 높아질 것이다. 그래서 1일 24시간 중 잠을 자는 8시간이 가장 중요하다.

잠은 주로 안방에서 자게 되는데 안방의 배치는 지기가 멈추는 맥선의 중앙에 설치되어야 한다. 즉, 맥선의 중앙을 벗어나서 잠을 청하면 숙면을 취할 수 없게 되는 구조가 된다. 집의 맥선 좌우측으로 벗어난 지점은 측면이 되어 지기가 없고 회전맥이 될 소지가 있다. 측면에서의 잠은 깊은 쾌면(快眠)을 할 수가 없다. 잠이 보약이란 의미는 어떤 건강법보다 더 신중하고 중요하기 때문이다. 이는 주(住)의 의미를 한층 더 강조하는 의미가 된다. 따라서 안방과 동사택·서사택의 이론은 상충되므로 이 이론은 사용하지 말아야 한다는 것이다.

부엌은 부녀자들의 공간이라 할 수 있으며, 그리 많은 시간을 소비하는 곳은 아니다. 차선책으로 선택하여 집의 좌나 우측으로 선택해도 좋다. 다만 길한 조건이 갖추어진 위치가 있다면 좋은 곳에다 배치하는 것이 바람직할 것이다.

4. 양택의 5실 5허

풍수고전은 음택서가 주종을 이루고 있지만, 송나라 때에 저술된 『황제택경』은 양택 입지와 관련된 풍수 서적이다. 이 책의 내용 중에는 양택 입지에 대하여 5실(實) 5허(虛)에 대한 설명이 있다. 『황제택경』은 "집이라는 것은 인간의 근본이 되는데 인간은 집으로 가정을 꾸미게 된다. 거처하는 곳이 만약 편안하게 되면 가정이 대대로 번성하고 좋은 일이 생기지만 집이 불안하면 가문이 쇠하고 미천해진다."라고 하여 양택이 사람에게 그만큼 중요하다는 것을 강조하고 있다.

아울러 집이 5虛면 사람이 비천하게 되고, 5實이면 사람이 부귀하게 된다고 말한다. 여기서 말하는 5實은 ① 집은 작은데 식구가 많은 것, ② 집은 큰데 대문이 작은 것, ③ 담장이 완전하게 갖추어져 있는 것, ④ 집은 작은데 가축이 많은 것, ⑤ 집 주변의 물길이 동남쪽으로 흐르는 것을 말하며, 5虛는 ① 집은 큰데 식구가 적은 것, ② 집의 대문은 큰데 내부는 좁은 것, ③ 담장이 제대로 갖추어져 있지 않은 것, ④ 우물이나 부엌이 바른 위치에 있지 않은 것, ⑤ 큰 집터에 집은 작은데 정원만 넓은 것을 말한다.

양택 입지는 사람에 의해 만들어진 것으로 이해하면 해결될 것으로 본다. 예를 들어 담장의 경우 나무로 되어 있다면 바람이 통하게 되므로 좋지 않다. 이러한 경우에는 바람이 통하지 않도록 흙담이나 돌담 등으로 만들면 된다. 그리고 당연히 울타리에 문제가 생기면 신속히 보수를 해야 한다는 의미라 볼 수 있다. 부엌의 경우 햇볕이 드는 쪽에 위치하면 음식이 빨리 상할 수 있으므로 이를 피해서 제대로 된 위치를 선택해야 한다는 논리로 보면 된다.

5. 양택의 음양, 4상, 5행, 8괘

양택에서 음양의 배치가 먼저이다. 수석(水石)에도 음양과 앞뒤가 있듯이, 나무나 조경수, 조경석에도 앞과 뒤가 있다. 집에서 바라보는 쪽에는 양이 되도록 배치하여 순이 되도록 하고 바로 보지 않는 곳에서는 음이 되어 역이 되어야 중심인 사람에게 이롭다. 실내에서도 마찬가지로 음양과 순역을 구별하고 배치해야 한다.

이와 함께 반대적인 논리로는 해로움을 주므로 하지 말아야 한다는 것이다. 살이 많고 두툼하게 생겼으면 부드럽다고 하여 이를 바라보는 것으로 생각하지만 이는 반대로 놓아야 된다. 용맥에 있어서도 마찬가지로 부드럽고 살이 있다는 것은 요도나 탁을 의미한다. 이들은 힘을 밀어주는 역할을 하므로 이쪽 면을 바라보면 등을 보이는 현상이 되어 좋지 못하다. 따라서 바라보는 쪽은 힘을 받는 곳으로 해야만 나에게 이로움이 더해지지만, 그러하지 않은 반대쪽은 바라보는 시간이 축적되면 될수록 피해는 더 커지게 마련이다. 이 점을 반드시 이해하여 배가 아니라 면을 선택하는 지혜를 배양해야 할 것이다.

예를 들어 보면, 나무에는 그늘을 좋아하는 음수와 햇빛을 좋아하는 양수가 있다. 음수는 다시 극음수로 양분되며 중성수도 있다. 양수는 극양수로 구분된다. 극음수는 햇볕이 거의 없어도 살아가는 데 큰 문제가 없는 수종이다. 음수는 10분의 1 정도의 햇볕만 있어도 생존이 가능하다. 중성수는 3분의 1 정도의 햇볕만 있으면 살아가며, 양수는 햇볕이 3분의 2 정도로 제법 많이 비추어 주어야 살아갈 수 있다. 이에 비해 극양수는 태양이 비추어 주면 줄수록 잘 사는 식물로서 대왕송 소나무 등이 있다.

나무를 정원수나 조경수로 심을 때 음양수의 특성을 이해하고 심으면 목적한 대로 조성해 성공할 수 있다. 특히 화단에 심을 때는 빽빽하게 심는 경우가 있는데, 이때 그늘에서 잘 자라는 수종은 적절하게 심어도 된다. 수목에 대한 종류는 다음 [표 4]와 같다.

[표 4] 수목의 음양수

분 류	극음수	음 수	중성수	양 수	극양수
기 준	전광의 1-3% 생존 가능	3-10%	10-30%	30-60%	60% 이상
수 종	굴거리 금 송 개비자 나한백 백량금 사철나무 식나무 주 목 호랑가시 황 칠 회양목	가문비나무 류 너도밤나무 단풍나무류 비 자 서나무 솔송나무 송 악 젓나무류 칠엽수 함바꽃나무	개나리 느릅나무류 동 백 물푸레 산 초 목련류 잣나무류 은단풍 참나무류 철쭉류 편 백 피나무	과수류 낙우송 느 티 무궁화 벚나무류 소나무류 은 행 이 팝 측 백 향나무류	대왕송 두 릅 방크스 붉나무 연필향나무 예덕나무 자 작

4상은 인간이 꾸준히 사용하고 있다. 무극에서 출발하여 태극으로, 양의(兩儀)로, 양의에서 2진법으로 형성된 것이 4상이다. 한의학에서는 이제마가 주장한 4상 체질로도 발전되었고, 풍수학으로는 4신사로 보아 목은 청룡, 화는 주작, 토는 집의 중앙, 금은 백호, 수는 현무로 대칭하고 있으며, 이를 울타리에 적용하기도 한다. 4상은 집을 짓는 경우 필수사항이다. 울타리가 없으면 바람의 피해를 주는 역할을 하므로 4신사는 필수적으로 있어야 하는 지물이 된다. 앞에는 주작의 상무 모양을, 뒤에는 현무의 수두 모양을, 좌측에는 청룡의 완연 모양을, 오른쪽에는 백호 준거 모양의 울타리를 만들면 격에 어울러 보기도 좋고 자연스럽다.

5행은 음양에서 출발한다. 음양 5행이 들어 있어 실생활에 사용하는 것이 요일이다. 음양은 월과 일이며, 5행은 목화토금수의 요일이다. 그 외에도 오행은 계절, 방향, 신체, 색깔 등 다양하게 쓰이고 있다. 이러한 5행은 지금도 계속 발전을 거듭하면서 인간 세상에 없어서는 안 될 중요한 요소로 자리 잡고 있다. 아래 [그림 1]을 보면 쉽게 이해된다.

식욕이 당기는 색깔은 빨강, 황색, 흰색이다. 3색이 들어간 접시에다 음식을 담으면 식욕이 왕성해진다. 이러한 색은 허약 체질이나 체격이 마른 사람들에게는 적격이다. 이에 비해 뚱뚱한 체격이나 비만인 체질이나 살을 빼고자 하는 사람에게는 위의 3색 쟁반을 사용하지 말아야 한다. 특히 다이어트를 하고자 하는 사람에게는 검정색, 청색의 접시나 색깔을 활용하면 보다 효과적으로 식욕을 떨어뜨릴 수 있다. 그 색깔이 먹고자 하는 욕망을 버려 식욕이 줄어들게 되는 것이다. 살이 잘 찌는 사람은 물만 먹어도 살이 찐다고 하는데, 과감히 도전해 볼 필요가 있다. 이처럼 간단한 색깔 쟁반 하나만 활용해도 음식의 양적인 정도를 조절할 수 있으므로 오행의 활용도는 점차 높아질 것으로 예상된다.

[그림 1] 5행의 채소들과 5색 꽃[8]

---

8 5색 꽃은 미술 풍수 인터넷에서 발췌하였다.

8괘는 4상에서 2진법으로 배분되어 이루어진 것으로 건물의 집에서는 8군데로 구분되어 8식구를 나타내기도 한다. 8괘는 목·토·금이 2개소가 되며, 화·수가 1개소로 8개소가 된다. 목은 동과 북동, 화는 남, 토는 북동과 남서, 금은 서와 북서, 수는 북으로 배치된다. 이 또한 4신사가 이루어진 내용과도 일치된다.

4상과 5행 8괘의 연관성을 살펴보면, 기본 5행인 목화토금수의 흐름으로 된다. 5행은 4상에서 중앙으로 토를 갖다 놓으면 되며, 8괘는 중앙 토가 북동과 남서로 가고, 금은 서와 북서로, 목은 동과 남동으로 확장되어 나아간다. 이렇게 구성된 8괘는 4상과 5행이 함께 이루어지는 현상이다. 태극, 음양, 3간, 4상, 5행, 8괘가 실생활에서 이미 활용되고 있는 예는 아래 [표 5]와 같다.

[표 5] 태극, 음양, 3간, 4상, 5행, 8괘의 활용 예

구분	태극	음양	3간	4상	5행	8괘
圖書		하도낙서				
태극기	원	하늘/땅	각	건곤감리		4상의 2진법
떡					木火土金水의 5방색	
소주병					木의 색인 간의 5장	
맥주병					火의 기운, 정열	
사이다 병					청색	
콜라 병					청색	

49

축구선수 유니폼					赤色 춥다	
일본선수 유니폼					靑色 열도	
정치인 당색					木火土金水 의 5색	
씨름 경기장	둥근 원					
태극기	원	원안 음양		건곤감리		
태권도복					木火土金水 의 5색	
좌도 우도		경상좌(우)도				
원주 방주		하늘과 땅				
3 간			하늘 땅 인간			
4 신사				용,호,무,작		
5 악					5개	
상 모					5악	
5경 5부					5행	
시골 장날					5행	
조선 8도						8개
가위바위보			3개			
5 복					5개	
떡 국			3개		5개	
엿					5방색	
60갑자		음 양			5행	
트 리					5개	
과 자			3색			

풍 선		3색		5색
일과 월	음과 양			
요 일	일과 월			화수목금토
왕관 구슬			4×7=a28수	
4 대문			4개	
경기장 트랙	당의 원리			
조선시대 철전	하늘 땅			
패 철	하늘 땅			
의원 배지	하늘 땅			
장학퀴즈마 지막				5색
승용차 색				5색
운동회	청군/백군			
일월성신도				5행
중앙선				중앙은 황색
성 명	음양			5행
한의학 치료	음양		4상	5행 8괘
체질(10상)	음양		4상	5행 8괘
봉 분		원		
4 신도			4신	
4주 8자			4주	8자
시 합	음양			
시 계		원 방		

6. 오행의 상생과 상극

오행의 상생은 목·화·토·금·수 순서로 배치하여 부족한 부분이 있으면 보강하는 방법이다. 이는 목⌒화⌒토⌒금⌒수로 상호 간 상생(相生)을 의미한다. 즉, 화가 부족하면 목을 받아 화를 도와주는 것으로 이를 풍수지리의 양택에 적용했다는데 상당히 의미가 있다.

상극은 상생과는 상반되는 의미로서 목↔토↔수↔화↔금으로 상호 간 상극(相剋)한 것으로, 너무 강하면 극을 다스려 5행을 이롭게 하는 방법이다. 이때에 강한 것을 약하게 하는 역할이 상극이다. 예를 들어 화가 강하면 수로 이를 극하면 된다. 화는 남쪽이고, 수는 북쪽으로 남쪽이 강하면 북쪽에다 부가적으로 응용하면 화가 약하게 되는 원리로 풍수에 적극 활용할 필요가 있다.

제 **3** 장

양택의 조경과 관리

양택의 외부 환경을 꾸미기 위한 조경에는 다양한 소재가 활용되는데 재료를 선택함에 있어서는 분명한 목적이 있어야 한다. 특히 집 주변의 조경 작업이나 실내 인테리어를 하기 위해서는 그 소재에 따라 어떤 의미가 포함되어야 하며, 또한 표출될 수 있도록 하여야 한다. 돌출된 곳을 가리기 위해, 모퉁이에 움직이는 기를 활용하기 위해, 주방의 화와 수 기운을 조화시키기 위해, 복도의 기를 완화시키기 위해, 욕실의 수기를 제거하기 위해, 집 안에 활력을 불어넣기 위해, 각 방향의 기를 강화하기 위한 목적으로 화초나 나무와 같은 식물 또는 돌과 같은 무생물을 적극 활용할 수 있다.

　식물을 활용하는 방법으로는 가산 조성, 화초 심기, 나무 심기 등이 있다. 양택의 외부에 조경이 이루어졌다면 이를 지속적으로 유지하기 위한 관리도 필요하다. 양택의 주변에서 일어나는 스트레스성 징후 등의 제 현상들을 수시로 살펴서 그에 합당한 조치가 이루어질 수 있도록 각별한 주의가 요망된다. 그리고 스트레스가 수반되는 곳은 양택의 입지 환경이 아니므로 처음부터 그곳을 피하는 것이 상책으로 보인다.

1. 가산 조성

가산(假山)은 산의 진행 방향과 물길을 고려하여 조성해야 효과가 크다. 가산은 마당의 끝부분에 설치하여 빗물이 집 안쪽으로 흘러 서서히 들어오도록 하는 방법이다. 마당의 끝부분이 낮으면 마당의 물이 그대로 빠져나가게 되는데, 풍수에서는 생기가 빠져나간다고 본다.

흙은 삼투압의 작용을 하기 때문에 마당 조성 등 흙을 다루는 경우에는 이러한 작용 관계를 이해하면서 만들어야 실패가 적다. 특히 폭우가 왔을 때에는 순식간에 마당에 골이 깊이 파이고 마당 앞쪽에 축대가 있다면 무너져 내리는 피해를 입을 수 있다. 이러한 피해를 입게 되면 보강 공사에 따르는 자금이 투입되어야 하므로 재물이 물과 함께 빠져나가게 되는 것이다.

가산의 물매, 즉 지표면의 경사도는 2%~5% 수준으로 하여야 한다. 이 정도의 물매는 육안으로 보아 경사감을 거의 느끼지 못한다. 만약 기울어짐이 피부로 느껴진다면 안정감이 떨어지므로 경사율에 대한 기울기를 조절해야 된다. 경사가 급한 기울기는 가급적 지양하고, 완경사로 해야만 아름다움과 안전을 동시에 가지며 더 나아가 풍수적인 효과까지도 볼 수가 있어 추천한다.

2. 화초 심기

꽃을 심는 데는 5행색에 따른 배치가 요구된다. 그 대상은 꽃, 잎, 열매, 줄기 등의 형태로 살펴볼 수 있다. 각각의 형태에 어울리는 5행의 색을 선택하여 양택의 건물에 배치하면 된다. 예를 들면 부추와 삼채는 푸른색이므로 푸른색을 상징하는 동쪽에 심고, 와송의 경우는 5색이 있으므로 그 색의 방향에 해당하는 전후좌우에 심으면 좋다.

그다음에 고려되는 것이 수리5행이다. 수리5행은 집을 짓고 나서 조경을 하는 데에 있어서 가장 많이 다루어지는 형태의 5행이다. 양택 조경 시 수리5행에 접근하여 그것에 맞게 설치하면 4신사를 대신할 수 있다. 화초류의 그루 수를 집의 좌측에는 3 또는 8, 우측에는 4 또는 9, 앞에는 2 또는 7, 뒤쪽에는 1 또는 6 주로 배치하면 된다. 더 많은 화초를 심으려면 5행에 해당하는 숫자에다 각각 5나 10을 더하면 된다. 수리5행의 적용 대상물은 화초뿐만 아니라 나무, 조경석 등 다양하며, 이러한 대상물을 이용하여 수리에 맞게 식재하거나 설치하면 5행과 집이 조화롭게 된다. 만약 조경석이면 큰 돌일 경우는 좌측에 3개, 작은 조경석의 경우는 8개를 놓는 원리이다.

그리고 화초의 종류도 양택 조경에 고려할 요소라 할 수 있다. 허브(Herb)는 향이 나는 식물로 음식 맛을 내기 위해 주로 조미료로 사용되는 향미(香味) 식물이다. 외국산 허브로는 라벤더나 로즈마리 등이 있으며, 우리나라 허브로는 박하, 쑥 등이 있다. 허브를 적절하게 식재함으로써 집 주변을 향내로 가득 차게 하여 보다 쾌적한 환경을 만들어 갈 수 있는 것이다. 쑥은 모기를 쫓는 성분이 있으므로 많이 활용하면 좋다. 판매하는 화학용 모기향은 건강이 좋지 못할뿐더러 돈이 소비되므로 비경제적이다. 이 외에도 집 주변의 공기를 정화시키는 식물이 많다. 공기를 정화시키는 식물로는 관음죽, 안스리움, 고무나무, 바나나무, 스파디필

름, 아이비, 필로덴드론, 크로톤, 칼랑코에, 에피프레넘, 보스턴고사리 등이다.

또한 자연에는 사람의 건강 증진에 도움을 주는 식물이 많이 존재하고 있다. 와송의 경우, 염증을 없애는 역할과 동시에 암을 예방한다. 5행색이 다 있는 품종으로 울타리 안 전후좌우 측면 화단에 재배하면 음양5행으로도 조화를 이룰 뿐만 아니라 크게 자라면 식품으로도 손색이 없다. 키우기도 쉬워서 여름철에는 일주일에 한 번 정도 물을 주고 겨울철에는 1달에 한 번 정도 물을 주면 된다. 아무리 가물어도 죽는 법이 없어서 다른 화초류보다도 키우기가 좋다. 와송은 5대 항암 식품[9]으로 암을 예방하고 치료하므로 장복하면 건강에 도움이 되어 좋다. 5대 항암 식품으로는 와송을 비롯하여 겨우살이, 느릅나무, 꾸지뽕나무, 하고초(꿀풀)가 있다.

인간이 스트레스를 받으면 암의 징조가 된다. 인간의 마지막 보루는 건강과 행복이다. 한 사람의 병(암 등 치료가 요원하거나 불가능한 질병)은 온 가족 모두에게 영향을 끼친다. 희망을 버려야 되고, 돈의 소비가 많이 따르며, 불필요한 시간의 낭비가 초래된다. 이러한 스트레스나 좋지 못한 질병의 예방은 먹는 것에서부터 시작된다. 5대 항암 산약초는 잘 섭취하면 건강에 아주 좋다. 느릅나무, 구지뽕나무, 겨우살이는 항암작용이 80%이고, 하고초는 75%, 와송은 65%이다. 겨우살이와 하고초는 재배가 어려우나 느릅나무, 구지뽕나무, 와송은 재배가 용이하므로 항암 약초를 양택지 주변에 심어 상시 활용할 필요가 있다.

---

9 5대 항암 식품으로는 겨우살이, 느릅나무, 꾸지뽕나무, 와송, 하고초(꿀벌초) 등이다. 겨우살이를 제외한 나머지 수종은 재배 가능하다.

부추는 기를 보강하고 피를 깨끗하게 하는 성질이 있으며 고혈압을 낮추어 준다. 진시왕이 불로초라 하여 상시 복용하였으며, 조선의 왕들도 많이 활용한 작물로 인간에게는 좋다고 알려져 있다. 삼채는 단맛, 신맛, 쓴맛을 내며 기를 보강하고 산삼에 버금가는 식물로 변비에도 좋고 재배하기도 쉽다. 스테비아는 설탕의 200배 감미를 선사한다. 다육이, 율마, 고무나무는 정화식물이다. 스투키는 미세먼지를 먹어 공기를 맑게 하므로 실내에 두면 좋다. 백리향, 천리향, 만리향은 향기로운 향기를 뿜어 준다. 커피나무와 비타민나무는 우리들에게 감미로운 영양을 공급하기도 한다.

구문초는 여러해살이 초화류로 모기를 쫓아내는 식물이며, 오래되면 목질화가 되어 나무가 된다. 향이 좋아 모기가 싫어하나 인간에게는 좋다. 유칼립투스, 금전수와 보석금전수는 재물을 선사한다고 하며 돈·금전을 상징하는 식물이다. 녹보수, 만자닐라는 아름다운 붉은 꽃을 선사하여 시각을 발달시킨다. 올리브는 식용기름으로 건강을 전해 주는 식물이다. 슈퍼바, 호야 등은 미세 먼지를 흡입하기 때문에 가정에서 키우면 좋다.

사람이 먹을 수 있는 도라지, 더덕, 삼채, 부추, 달래 등을 정원에 심어 눈요기나 입요기로 하면 일석이조가 된다. 도라지는 골다공증 예방과 기침, 가래 등에 효능이 있어 키우다가 커지면 먹을 수가 있다. 꽃 색 또한 보라와 흰색으로 관상 가치가 높아 울타리 안에 심어도 좋다. 질경이는 암을 예방하며 암의 증식을 억제하고 전이를 막아 주는 역할로 정원에 심어 놓으면 좋다. 헛개나무는 차로도 좋지만 간에 좋다고 알려져 있으며, 간 해독 능력이 뛰어나다. 흰 꽃이 피므로 조경수나 정원수로도 효과가 높으며 밀원식물로도 좋아 양봉인은 이 나무를 많이 심기도 한다.

구기자는 전립선암에 좋으며, 열매는 적색으로 화의 성질을 가지고 있다. 돌나물은 지표면을 피복하는 데 유용하다. 지표면의 흙이 파이거나 도랑이 생겨 피해를 입는 경우 지표면을 덮으면 예방될 뿐만 아니라 항암 효과도 있으며 김치를 담가 먹어도 된다. 옻나무는 단풍이 잘 들어 보기가 좋으며 조경수로도 좋지만 어린이에게는 옻이 오르는 단점이 있어 주의를 요하며 특히 항암 효과가 있어 많이 활용된다.

소나무를 키우면 조경수로 값어치가 있고 솔잎은 항암 효과가 있어 매우 좋다. 알로에는 피부 미용에도 좋지만 항암 작용도 있어 가정에서 3개 정도 화분에 담아 키우면 좋다. 개복숭아는 꽃이 아름다워 정원수로 좋으며, 키를 낮게 키우면 색다른 맛이 있어 좋은데 재래종이 좋다. 폐암이나 기관지에 좋으며 항암 효과가 있어 여러 가지로 좋은 나무이다. 구지뽕은 항암 효과를 비롯한 여러 가지 약효가 있으며 열매가 붉어 동쪽에 심으면 좋다.

마가목은 강장재, 신경통 등 여러 가지 질병에 좋으며 정원수나 가로수로도 좋다. 열매, 줄기, 뿌리 등 버릴 것이 없다. 열매는 보기에도 좋아 관상 가치가 높다. 대추는 암 예방에 탁월한 효과가 있다. 열매가 많이 달려 유복한 자녀를 의미하기도 한다. 붉은 열매로 남쪽 방향에 심으면 좋다. 석류는 전립선암 예방에 좋다. 씨가 많아 유복한 가정을 지칭하기도 한다. 삼지구엽초는 강장 작용이 있어 음양곽이라 했다. 블루베리는 항암 효과가 있으며 대장암에 좋다. 색깔도 검은색으로 북쪽을 의미하기도 한다. 키가 크지 않고 관목의 형태이므로 가정에서 분에 담아 키워도 되고, 화단에 심어 정원수로 키워도 좋다.

나라꽃 무궁화는 정원에 하나는 심어 두는 것이 좋으며 단심계는 잘 알려져 있다.[10] 우리나라의 국화이기 때문에 자라나는 어린이를 대상으로 하는 교육 등 문화적인 차원에서도 필요하다. 이 나무는 1년에 한 번 정도 진딧물 충해 약제 처리를 해야 한다. 진딧물이 너무 심해 싫어하는 사람이 있지만, 나라꽃이기 때문에 정원에 심을 필요가 있는 식물이다.

재래종 산돌배나무는 열매가 작아 수량은 적으나 보기가 좋아서 정원수나 조경수로 아주 좋다. 토종배나무는 열매가 커서 식용으로도 재배된다. 개복숭아 나무와 마찬가지로 열매는 설탕과 섞어 활용하면 건강에 좋다. 찔레나무는 꽃도 좋고 흰색으로 색깔도 좋다. 화려한 장미와는 차이가 있으나 은은함은 더 어울린다. 화려함은 빨리 싫증이 나지만 찔레는 오래도록 보고 있어도 또 보고 싶은 꽃이라는 노랫말도 있을 정도이다. 꽃이 크지 않고 작으면서 모양이 좋기 때문이다. 홍가시나무는 단풍이 좋다. 적색의 홍가시는 신초가 빨간색으로 아주 아름답다.

조경을 하는 데 있어 가장 많이 사용되는 식물로는 잔디가 있다. 가정에서 잔디 심기는 줄 놓기를 하는데 붙여놓기가 좋다. 띄워 놓기를 하면 일정하게 평탄하지 못하므로 잔디가 긴 것(20×100)을 놓아야 활착이 빠르고 보기가 좋다. 잔디 밑 표토에는 마사토를 병행하여 고르게 정리를 한 다음, 잔디를 배치하여 시공하면 균일하게 되어 짧은 시간에 미가 완성된다.

---

10 동아일보는 단심계 무궁화 묘목을 신청자에 한해 무상으로 심을 수 있도록 했다.

[그림 2] 초화 류의 5행(목화토금수)

3. 나무 심기

양택은 나무 심기가 우선시된다. 건축을 하고 나서 집의 외부를 치장하는 것은 조경이 대부분이다. 조경을 잘못하면 건축이 죽는다고도 할 만큼 의미가 크다. 나무를 심는 방법은 화초류와 마찬가지로 음양이나 5행의 색과 형태, 수리5행 등을 고려할 수 있다. 음양은 방 안이나 울타리에서 나무, 초화류, 수석, 조경석, 조경수 등 모든 물체에 응용하여 집을 중심으로 활용하면 된다. 반대로 등이 집을 중심으로 배치되면 나를 배척하므로 좋지 못하다. 모든 물체의 배치는 전후좌우에 앞인 면을 향하도록 배치하여야 집의 길상이 예상된다.

나무를 심는 데에 있어 5행의 색을 기준으로 하는 경우에는 동쪽에 청색을, 서쪽에 백색을, 남쪽에 적색을, 북쪽에 흑색을 두며 잎이나 줄기, 꽃, 열매를 적용 대상으로 하여 심는 방법이다. 이 방법을 통해 전통적인 색상으로 조경을 할 수 있다. 이는 전통적인 조경풍수이다.

청색은 긴장을 풀어지게 하는 색이다. 빨강색은 시선을 끌어당기는 색으로, 어느 곳에 있더라도 눈에 쉽게 보인다. 영국의 괴짜 사업가 버진그룹이 이 색을 활용하고 있다. 용도는 우체통, 경고 표지판 등의 색으로 활용된다. 황색은 풍요로움을 나타낸다. 이 색은 저가 항공사인 이지젯, 명품브랜드 헤르메스가 활용하고 있다. 흰색은 완벽을 상징하며 순수함을 의미한다. 이 색은 병원에서 활용하는 색이며 조용하고 위생적이며 질서 정연하다. 검정색은 우아하고 매력적인 색으로 트로트 가수인 송가인이 즐겨 입는 색으로 배우나 연예인들이 자주 입는다. 이와 같

이 5행의 색은 각각의 의미가 있어 잘 활용되곤 한다.[11]

5행은 나무의 잎, 줄기, 꽃, 열매 등을 대상으로 하여 4군데의 울타리에 활용하면 된다. 수리 5행은 음양 5행과 마찬가지로 잎, 줄기, 꽃과 열매 등을 대상으로 수리상 배치하는 방법이다. 수리 5행은 크기나 형태를 두고 선택해서 배치해야 길한 조경이 되어 아름답다.

4. 돌 놓기

돌은 수석도 포함된다. 수석을 보는 방법은 돌의 앞과 뒤가 있는데, 상호 바뀐 형태로 배치되면 좋지 않다. 돌 자체도 사람을 본다는 개념이 들어가도록 배치되어야 한다. 돌이 사람을 외면해서는 곤란하다. 즉, 돌의 내면을 보고 사방에 배치되어야 길하다. 이러한 배치 방법이 조경에서는 음양과 내외, 돌의 앞뒤로 판단된다. 그 집의 배치 형태가 잘되는 것과 못되는 것의 부가적인 차이는 상당하다. 집이 살고 죽는다고 하는 것의 기준이 되기 때문이다.

돌 놓기는 수리5행을 적용할 수 있는데 집 울타리 주변에 놓이는 돌의 개수를 5행에 맞게 배치한다. 집의 왼쪽에는 3개 혹은 8개로, 오른쪽에는 4개 혹은 9개로, 앞쪽에는 2개 혹은 7개로, 뒤쪽에는 1개 혹은 6개로 한다. 돌의 크기는 수리와 병행하여 배치하면 된다. 예를 들어, 8개를 배치코자 하는데 돌의 규격이 크다면 3개를 놓으면 비율상 음양오행이

---

11 캐런할러 지음, 안진이 옮김, 『컬러의 힘』, 월북, 2019, 76-108쪽.

맞으므로 이런 배치 방법이 요구된다.

5. 물길과 대문의 역수 배치

외수의 물길과 대문을 살펴보면, 물이 들어오는 곳의 역수 형태로 대문을 배치해야 좋다. 외수의 물길과 집 안의 내수는 역수가 되도록 하여야 한다는 원리이다. 먼저 물을 보는 기준은 집 안의 내수가 아니라 집 밖의 외수가 되어야 한다. 그렇게 하지 않으면 외수나 내수가 같은 방향이 되어 미의 가치가 훼손될 뿐 아니라 물이 동거된다. 이러한 배치는 풍수상 좋지 않은 배치 방법으로 지양해야 하며 바르게 되는 것이 좋다.

그다음은 대문의 배치다. 대문의 배치는 내수가 나가는 곳에 설치해야 좋다. 이러한 배치가 용맥의 용진을 마무리하도록 하는 역할과도 맥락이 같다. 역수는 용맥의 진행을 할 수 없도록 하는 물의 작용이다. 맥은 물을 만나면 멈춘다. 하나의 물만 만나도 용맥이 멈추지만 역수는 2차적으로 멈추도록 하는 역할로 완전무결점을 강조한 것이다. 이는 이중성을 생각해 완전히 맥의 접근을 방지하는 방법이다. 따라서 물길과 대문은 항상 역수의 개념으로 배치되어야 길하며 건강하고 행복한 건행이 된다.

6. 스트레스성 징후 파악

집 주변에 이상한 징후가 나타나면 나도 모르게 긴장하게 된다. 그래서 가까이에는 스트레스성 이상 징후가 없도록 미연에 방지하고 이격시켜서 존재해야만 한다. 스트레스성 징후로는 다음과 같은 현상들이 나타날 수 있으므로 주의를 요한다.

1) 기운 나무

집 주변에 조경을 한 나무가 기운다면 당연히 큰 사고로 이어질 염려가 있다. 지표 속의 수맥이나, 동공, 혹은 지하 갱 등의 염려가 있으므로 나무가 기운다면 주변을 피하는 것이 상책이다. 계속하여 그 나무 주변에 있는 경우 피해를 입을 수 있기 때문이다. 또한 수맥이 있거나 토양 침식(Soil creeping) 현상이 일어나는 곳에서도 나무는 기운다. 이는 땅속에 지질 문제가 있어서 시간이 지나가면 지표가 흔들리기에 항상 조심해야 한다. 조짐이 있다면 조심을 해야 한다는 걱정이 항상 수반되기 때문에 그 자체가 스트레스이다. 이럴 경우 빨리 탈출하거나 자리를 이동해야 한다. 미련을 버리지 못하고 계속적으로 지낸다면 더 큰 사고가 기다리고 있으리라 예상하고 그 자리를 떠나야 불행을 미연에 방지할 수가 있다.

2) 나무줄기의 병증

고목나무는 일반적으로 동공이 생기거나 병해충의 침범으로 나무가 훼손 된 경우이다. 이런 나무는 산(탄)소동화작용 등으로 나무속에서 분비되는 물질이 있는데, 이것이 사람에게 영향을 미치게 된다. 이럴 경우 나무로부터 멀어져야만 피해를 줄일 수 있으므로 미리 대피해서 생활해야 한다. 특히 밤나무는 크기도 하지만 제거할 때에는 항상 주의를 요한다. 나무속의 향기롭지 못한 악취가 항상 나오며 냄새가 고약하고 독해 이를 호흡함으로서 치명적인 사고가 발생되기 때문이다. 이러한 밤나무 등은 땔감으로도 적합하지 않으므로 멀리하여야 한다. 고목나무는 제거하는 경우에도 위험하므로 주의를 요하여야 한다.

3) 오래된 나무

오래된 나무는 거목이거나 여러 가지 이물질이 있을 수 있고, 가지나 잎 등이 떨어져 피해가 유발될 수도 있다. 그러므로 가까이해서는 안 되며, 항상 염려스러워 사람에게 스트레스를 주게 된다. 태풍 등 강풍이 몰아칠 때에는 심하게 흔들려 나무가 넘어질 가능성도 있어 항상 큰 위험이 따른다. 따라서 오래된 나무 주변에는 건물이나 놀이터, 농사를 짓는 것도 삼가야 한다.

4) 이사 직후의 질병

이사를 하자마자 원인 모를 질병에 시달리게 되면 본인이나 가족 모두가 스트레스를 받게 된다. 그러한 경우에는 집 안과 밖에 예각이 되는 물건이나 습기의 피해가 우려되는지 등을 살펴 좋지 못한 환경이 되지 않도록 하여야 된다. 집 외부의 조경뿐만 아니라 집 안에서 송곳이나 바늘, 가위 등 날카로운 것은 정리를 하여 찌르는 기구나 위험한 것 등을 제거하여야 하며, 특히 잠자는 방에는 아무것도 없도록 하는 지혜가 필요하다. 자는 방의 인테리어는 아무것도 놓지 않는 것이 가장 좋은 인테리어의 방법이다. 통상 어떤 인테리어 풍수를 생각하여 뭔가를 비치코자 하는 경향이 있으나 아무것도 하지 않아야 길하다.

이를 방치하면 잠도 온전하게 잘 수가 없으며, 이에 따라 사고가 따르게 된다. 이는 피곤함의 연속으로 일의 능률도 떨어지며 모든 일에 하고자 하는 의욕이 사라지기 때문이다. 잠자는 방 안에는 어떤 물품도 필요치 않다. 방은 들어가면 곧바로 누워서 자야 하기 때문이다. 예각이 많은 물품이나 물질은 날카로운 기가 생성되어 반사함으로써 사람에게 직접적인 피해를 준다. 이러한 것은 빠른 시간 내 정리하는 것이 안전하며 건강에도 좋다.

5) 불쾌한 공기

사람이 살아가는 데 잠시도 빼놓지 못한 것이 호흡이다. 호흡하는 공기가 바르지 못하고 오염되었다면 질병의 원인이 되거나 병을 초래하게 되므로 신선한 공기가 집 주위로 흘러 다니게 하거나 집 안으로 유입되도록 한다. 그러하지 아니하면 호흡으로 인한 피해를 입을 수 있다. 특히 집 주변은 청결을 유지하고 바람의 순환이 잘되도록 조경 시 지형지물의 배치에 신경을 써야 한다. 잦은 환기는 질병과도 관계가 있으므로 적절하게 해야 된다. 농가 주택을 짓는 경우에는 집 주변도 살펴서 선택해야 된다. 잦은 농약 살포로 인해 살고 있는 주변이 농약 냄새로 가득해 고생할 수 있기 때문이다.

6) 터널 공사

내가 살고 있는 동네의 뒷산이나 앞산 혹은 주변에 터널 공사가 시행된 다면 땅이 흔들리게 되고 그 공사로 인해 도로 건설 시 분진 발생으로 공 기가 오염된다. 이런 경우는 공기뿐만 아니라 소음의 피해도 크게 받는 다. 장시간 동안 공사가 추진된다면 이사 등으로 그 주변을 피해야 한다.

7) 고압선 공사

터널 공사와 마찬가지로 고압선 역시 양택에 좋지 않다. 선 아래에는 소음이나 전자파의 피해가 우려된다. 이동을 하는 등의 방도를 취해야 만 문제가 해결된다. 그렇지 아니하는 경우 그 피해가 엄청 크게 나타날 수 있다. 암이 유발될 수 있으며, 동물의 경우 소음이 크면 그 자리를 피 해 버린다. 특히 고압선은 바람이 불면 저항으로 소리가 대단히 크게 들 린다. 소음도 소음이지만 전기에 의한 전자기파는 간접적으로 인체에 피해를 주며 양이온이 배출되므로 이사를 하는 등의 조치가 필요하다.

8) 춥거나 습한 방

겨울철 북서 계절풍의 영향으로 몹시 춥거나 습하면 사람이 견디지 못 한다. 이를 회피하기 위한 방편이 바로 좋은 자리를 선택하는 것이다. 좋은 자리는 피해가 없다. 그것은 결국 풍수적으로 길한 땅을 찾는 것이 다. 풍수적으로 길한 자리를 찾지 못할 경우, 차선책으로 선택할 수 있 는 것이 구들을 놓아 불을 지피는 것이다. 구들의 효과에 대하여는 복잡 하고 무궁무진하므로 후술하기로 한다.

9) 해로운 화학 물질이 나오는 소재

오염되는 논리와도 같지만, 화학 물질에 의한 피해는 더 크다. 피해의 정도가 심하고 한 번 피해를 입게 되면 회복할 수 없을 정도로 치명상을 입게 되므로 상당한 주의가 필요하다. 한번 피해가 이루어진 그 주변은 정상적인 복구가 상당히 어렵다. 이사를 가거나 오는 경우에는 꼭 살펴서 이러한 피해가 발생되지 않도록 하여야 한다. 옮겨 놓은 다음의 피해는 상상하기조차 힘들며 그 후환은 대단하다. 한 개인의 복잡한 싸움은 평생 가기 때문이다.

10) 사건·사고가 일어난 곳

내가 사는 주변에 사건·사고가 많다면 왜 사고가 났는지, 원인이 무엇인지, 피해 정도는 어떻게 되는지 꼼꼼하게 생각하여 사고를 사전에 차단하는 노력이 필요하다. 주변에 좋지 못한 사고가 계속적으로 일어난다면 어른이나 아이 할 것 없이 스트레스가 발생된다. 비단 신체상의 피해뿐만 아니라 토지의 가격에도 영향을 미친다. 이러한 곳은 님비 현상이 항구적으로 진행되기 때문에 택지 선정 시 주의를 기울여야 한다.

11) 음양의 편향

어느 한 동네에 가면 노인들 중 할아버지만 살고 있는 경우나, 또는 할머니만 살고 있는 경우에는 음양상의 문제가 있는 것이다. 주변 환경의 음양상 문제점을 살펴서 그에 맞는 대응책을 시행하여야 한다. 서로 조화와 균형이 이루어지도록 비보를 하거나 엽승을 하는 것도 하나의 방법이 될 수 있으므로 잘 살펴 피해 유무를 관찰해야 한다.

제 **4** 장

양택의 실내
인테리어와 소재

양택의 실내 인테리어 역시 외부 조경과 마찬가지로 다양한 소재가 활용되는데, 각 재료를 적절하게 배치함으로써 이상적인 논리가 시도되고 있다. 소품 등 여러 가지 인테리어 재료를 선택할 경우에는 그에 합당한 이유와 목적이 있어야 한다.

1. 5색에 의한 벽지 선택

벽지는 방위별로 5색을 선정하여 장식을 하면 된다. 동·서·남·북·중의 5색을 활용하게 되는데 동에는 청색의 벽지, 서에는 백색, 남에는 적색, 북에는 흑색의 벽지를 활용하면 건물 내부의 방을 위한 4신사가 된다. 그러나 혼란스럽다면 생각을 바꾸어 주위와 조화가 되게 하여야 한다. 아무리 5색의 논리가 되더라도 주변과 부조화가 된다면 처음부터 다시 시작하는 마음으로 하여야 한다. 너무 음양 5행을 강조하다 보면 우스운 꼴이 되므로 깊이 있는 생각으로 접근해야 무리가 따르지 않게 된다.

2. 식탁의 모형

식탁은 원·방·각을 고려하여 활용하면 된다. 원탁은 두루뭉술하게 하는 경우에 해당되며, 방형에는 지형지세의 의미가 들어가 있다. 각형은 단순하게 생각하는 형태인데도 불구하고 강한 모서리가 형성된 건물에는 각을 고려한 식탁이나 책상이 필요하다. 각이라고 하여 다들 좋지 않게 생각하지만 꼭 그렇지만은 않다. 경우에 따라, 필요에 따라 적절하게 사용하면 오히려 맞을 때가 있다. 아무리 각박한 세상이지만 그들 나름의 쓸모는 있게 마련이다.

3. 침실 인테리어

침실의 목적은 잠자는 것이다. 잡담을 하거나, 소일거리를 나누거나, 일을 하거나, 연구를 골몰하거나, 공부를 하거나, 휴식을 하는 곳이 아니다. 다양한 목적들은 다용도실이나 그에 따른 방으로 옮겨서 해야 된다. 침실은 오로지 잠만을 자는 곳이다. 침실 속에서는 잠만 자는 것이 목적이지, 다른 용도로는 올바른 용무가 아니다. 좋은 자리는 마냥 있는 것이 아니며, 있다손 치더라도 아주 작기 때문에 귀한 장소로서 건축을 하는 것이니 마음가짐도 작게 생각해야 되는 것으로 이해해야만 한다.

이러한 이유로 잠자는 곳에 들어가면 곧바로 자야 한다. 잠을 자지 않고 우물쭈물하면 침실의 목적이 아니다. 침실의 목적이 잠자는 곳이기 때문에 노는 곳, 휴식 공간이나 휴게 공간, 작업실 등은 침실이 될 수 없다. 침실은 잠만 자는 공간이므로 여타 활동을 해서는 안 된다는 사실을 직시해야 한다. 침실에 진입하면 꾸물거릴 여유 있는 공간이 아니기 때문에 들어가자마자 곧바로 잠을 청해야 된다. 오직 내일의 일정을 위해 깊은 잠을 자야만 한다는 것이다.

이렇게 하려면 침실 인테리어는 아주 간단하다. 간단하다는 말은 인테리어 자체가 필요 없다는 것이다. 침실은 오직 잠자는 곳을 강조하기 위한 의미로 받아들여져야 한다. 침실의 목적이 방에 들어가면 곧바로 누워야 한다. 그러한 어휘가 '드러눕다'이다. 문을 열고 '들어가다'라는 의미가 아니다. 사람이 방에 들어가면 다른 일말의 여지가 남아 있다는 말이다. 들어가면 아직도 다른 일과가 있음을 암시하는 단어이기 때문이다. 이에 비해 '드러눕다'는 문을 열고 들어가면 곧바로 누워서 잠을 청해야 된다는 것이다. 바로 이러한 '드러눕다'의 의미가 있는 곳이 침실이다.

움직이지 않고 잠만을 목적으로 하는 침실에는 당연히 아무것도 비치해서는 안 된다. 이것이 풍수 인테리어이자 침실 인테리어이다. 텔레비전이나 라디오뿐만 아니라 전기조차도 필요 없는 곳이 침실인 것이다. 이러한 것은 양이온이 나오기 때문에 필요악인 물품들이다.

또한 침실에는 침대도 설치할 필요가 없다. 불을 켜는 전등도 소용이 없을 뿐만 아니라 전자파와 좋지 않은 이온이 배출되어 우리 몸을 서서히 병들게 한다. 사람에게는 음이온이 필요충분조건이 되지만 양이온은 주변에 넘쳐난다. 잠을 자는 곳에서는 아무것도 필요치 않다는 것이다. 값비싼 물침대, 돌침대, 나무침대 등이 사람에게 좋다고는 홍보를 많이 하지만, 사람에게 가장 좋은 것은 불을 지펴서 잠자는 구들이다. 이 구들이야말로 인류에게 주어진 최고의 걸작품이며 보물이다. 그래서 침실 안에서의 인테리어는 아무것도 필요가 없다는 것이다.

어떤 물품이 침실 안에 있다면 해당 물품 나름대로의 역할이 있기 때문에 그것에 주어지는 공간이나 시간이 있게 된다. 그렇게 되면 침실이 아니라 다용도실이 되기에 쓰임이 달라져 버린다. 따라서 잠을 자는 방으로서는 좋지 않다. 인테리어를 하지 않아야 침실의 목적을 100% 달성할 수 있다는 것이다.

4. 책상의 크기와 형태

책상의 크기는 초등학생이나 중등학생의 체격에 맞게 조절하여 놓는 것이 좋다. 너무 크거나, 작지 않게 되어야 좋다. 앉아서 자연스럽게 이루어지는 높이의 책상이 적당하다. 통상 어른의 경우는 90㎝ 정도가 좋다. 초등학생은 의자에 앉아 다리가 들리면 피로를 빨리 느낀다. 따라서 키의 정도에 따라 의자와 책상의 높이를 조절하고 크기도 적당하게 하여야 한다.

중등학생은 가로 1.2m, 세로 80㎝ 정도로 황금비나 금강비로 하여야 하며, 목재가 몸에 좋으며 형상은 원·방·각의 의미를 생각해 각은 가능하면 사용하지 말아야 한다. 각의 사용이 필요한 경우 이외에는 하지 말아야 한다. 모서리가 각으로 이루어진 곳에서는 원·방보다는 각이 오히려 모서리를 없애 주는 효과가 있기 때문에 이러한 경우에는 각이 있는 책상이 필요하다.

5. 초화 식물

초화류는 공기 정화 식물, 먼지 먹이 식물, 모기 쫓는 식물, 허브 식물 등이 좋다. 초화류가 아무리 좋다고 하여도 밤 시간에는 실외로, 낮 시간에는 실내로 이동 조치하는 것이 현명한 방법이다. 탄소동화작용 등의 문제가 있기 때문에 적절하게 활용하여야 우리 생활에 유익하게 된다.

상추류, 시금치, 부추, 삼채, 파, 씀바귀, 냉이류, 쑥 방풍 등을 정원에 재배하면 삭막한 겨울철에도 싱싱한 채소류를 눈으로 보거나 먹어 볼수도 있다. 이러한 식물들은 추운 겨울철에도 죽지 않고 살아 있는 식물이므로 삭막한 겨울철에는 색다른 맛이 나서 좋다. 이들의 식물은 월동이 된다고 하여 '월동형 초화류'라고도 한다. 추운 겨울날에 파릇파릇한 푸른색의 초화류를 본다는 것은 눈을 보호하기도 하지만 기분이 상쾌해져서 분위기가 개선된다. 이것이 인테리어의 기본이며, 기초가 된다.

6. 실내용 목재

편백나무는 피톤치드가 나오므로 우리 인체에 유익하다. 실내 벽이나 계단용으로 활용하면 향기로운 향기가 나므로 항상 상쾌하게 지낼 수가 있다. 하루의 일사(日事)는 그날 아침에 결정된다. 아침의 기분이 달아나면 온종일 좋지 아니하는 기운이 돈다. 일어날 때의 기분 좋은 향기는 종일 가기 때문이다.

편백나무는 재질이 아주 우수하다. 우리 주변에서 구하기 쉬운 소나무도 피톤치드가 비교적 많이 배출된다. 소나무는 향이 짙어 향기가 오래도록 지속된다. 그 외에도 오동나무가 있다. 부모가 딸을 낳으면 오동나무를 키운다고 한다. 결혼 때 이 나무를 수확해서 옷장 등을 만들어 주기 위해서이다. 이 나무에서는 음이온이 방출되어 나오므로 집 안에 가구로 설치해 놓아도 아주 좋다. 주변이 양이온 천지로 중화시키는 차원에서도 오동나무는 제값을 다분히 하는 식물이다.

7. 골동품 등 물건

인테리어는 실내뿐만 아니라 집 외부에도 조경을 하는 등의 관리나 배치가 필요하다. 인테리어에 필요한 재료는 상당히 많이 있지만, 오래된 시골의 골동품 등을 활용하는 방법도 있다. 골동품은 다양한 물건들이 있어 잘만 활용하면 고급스러운 실내외의 인테리어가 될 수 있다. 문제는 배치 방법이다. 여러 가지 방법이 있겠지만 풍수적으로 배치하는 것도 효과가 있다.

골동품은 옛 선인들이 아끼고 간직해 온 물건으로 이들 재료를 집 안팎에 적절히 꾸미게 되면 고풍스러운 분위기를 연출할 수 있다. 값이 비싸고 고급스러운 재료를 사용하지 않고서도 평소 보유하고 있던 골동품을 배치함으로써 낡고 오래된 물건이지만 '낡음 또는 오래됨의 미학'을 느낄 수 있다. 이러한 의미로 자연석이 어울린다. 건물 내외부의 디딤용으로 사용하게 되면 시각적인 효과뿐만 아니라 격조 또한 높일 수 있다. 디딤석은 정형, 부정형, 장방형, 정방형, 빗살원형석 등 그 종류가 다양하므로 취향에 따라 설치하면 된다.

오래된 용기나 그릇을 이용하여 그 위에다 나무나 초화류를 심으면 집과 잘 어울린다. 특히 기와에는 와송을 심고 가꾸어 관리하면 모양이 좋고 주변과 어울린다. 어느 정도 성장하여 큰 와송은 요구르트를 넣어 믹스한 후 음료로 마시면 그 어떤 청량음료보다 먹기 좋고 건강에도 좋아 일석이조의 효과를 올릴 수도 있다. 그리고 와송은 키우기도 쉽고 편하며, 5대 항암 식품으로 암을 예방하거나 치료하는 효과도 있다. 이것은 선인장과 같이 생명력이 강해 오랫동안 마른 상태가 되어도 죽지 않아서 물만 주면 회복되어 다시 살아나는 식물이기 때문에 아무나 키울 수 있다. 건강을 지키기 위해서는 와송 키우기를 추천하는 바이다.

또는 과거 시골에서 사용한 농기구 등을 활용하여 조경을 하면 보기가 한결 좋다. 시골집에 비치되어 있는 농기구 등은 버리지 말고 활용하면 큰돈 들이지 않고서도 실내 장식이나 조경 용도로 이용할 수 있다. 그리고 솥이나 단지를 활용하여 한편에 나무를 식재해도 좋다. 단지 속이나 뚜껑에다 식목을 심어 놓으면 잘 어울린다. 특히 단지는 여러 개를 놓고 진열해 놓으면 보기에 더욱 좋다. 단지 속에다 흙을 채워 그 속에다 나무나 초화류를 심으면 고티가 나면서 잘 어울리게 된다.

분에 담아서 화초류를 키워도 좋으며, 이때는 난이 잘 어울린다. 난의 종류에는 한란, 춘란, 사계란, 건란, 호접란(백색과 적색) 등이 있다. 처음에는 가격대가 비교적 저렴한 난을 선택하여 키우다가 어느 정도 기술이 숙련되면 고급란을 키우면 된다. 돌은 청태 낀 오래된 것을 이용하여 조경석으로 활용하게 되면 시각적인 효과도 얻을 수가 있어 좋다. 적당하지 않으나 공장이나 놀이터 등에 활용하면 시각적인 효과를 배가시킬 수 있어 좋다.

제 5 장

양택의 형태와
가옥 형태별 식재

양택의 형태를 판단하는 데 있어서 기준은 여러 가지가 있겠지만 주로 지붕의 모양을 보고 판단한다. 산의 형태는 산봉우리를 보고 오행에 따라 보는 것과 같은 이치라 생각할 수 있다. 집에서 지붕은 하늘이다. 집의 실내는 사람이 거주하며, 땅은 울타리와 대문으로 비유할 수 있다. 울타리의 상단이 기와로 대문의 지붕이 기와로 되어 있다면, 그 집의 지붕은 기와로 하여야 격이 완성된다. 초가집에는 울타리와 대문이 초가로 되어야 격이 맞고 상호 어울린다. 사람을 차별하는 것이 아니라 그에 따른 격이 있기 때문이다. 장화 신고 장에 간다면 격에 어울리지 않는다는 말처럼 지형지물은 격이 있다. 이처럼 초가집에는 민이 살아야만 형평에 맞다. 비교해서 보면, 같은 초가집에 사대부나 왕이 산다는 것은 장화 신고 장에 가는 꼴처럼 장단이 맞지 않다.

　집은 그 나름의 품격을 갖추고 살아야 보는 사람이나 사는 사람이나 편안하고 행복해진다. 그러한 이치가 아니면 이상한 집이 되어 버리고 만다. 집은 지나가는 사람들의 입방아 놀음이 되어서는 곤란하다. 한 사람 두 사람의 입에서 나오는 주문은 그 위력이 대단하다. 이러한 주문은 그 집에서 살아가는 사람이 구설수에 오르거나 탈이 나게 된다는 것이 일반적인 풍수인들의 상식이다. 집 안의 정원수도 같은 이치로 상식선에서 생각하면 답이 나온다. 주변과 조화롭게 어울려야 하는데, 그러하지 아니하면 이상한 집이 되어 버린다. 이러한 불미스런 일이 일어난다

고 생각되는 모양이나 방법은 긍정적인 것을 선택할 때에야 비로소 좋게
될 것이다.

1. 양택의 형태

1) 목형

붓이나 연필의 끝과 같은 형태의 지붕 모양이 목형이다. 외국이나 유
럽식의 지붕이 여기에 해당된다. 목형의 지붕은 상당히 많으며 글을 하
는 사람이 있다 하여 좋게 보는 형태이다. 수리 5행은 3과 8이다.

2) 화형

불꽃처럼 생긴 지붕의 모양이 화형이다. 화형 역시 지붕이 뾰족한 형
태로서 여러 개의 지붕이 불꽃 모양이다. 화형은 그림이나 예술적인 재
주가 있다고 예상한다. 수리 5행은 2와 7이다.

3) 토형

일자문성처럼 생긴 지붕의 모양이 토형으로서 기와집 형태다. 전통마
을의 양반가가 대부분 이런 모양의 지붕을 가지고 있다. 토형은 관록 또
는 벼슬을 상징하기도 한다. 수리 5행은 5와 10이다.

4) 금형

둥근 반달처럼 생긴 형태의 지붕이 금형이다. 혼합형의 지붕으로 유럽

등에 이런 형이 많다. 부자가 되는 개념으로 생각하는 것이 금형이다. 수리 5행은 4와 9이다. 지금의 세상은 자본주의 사회이다 보니 이러한 형태로 만들어 조경이나 실내 인테리어를 선호하는 경향이 있다. 돈만 있으면 만사형통으로 생각하는 세태를 반영한 것이나 아쉬움이 남는다.

5) 수형

산에서 비가 많이 오면 골짜기마다 흘러내리는 여러 개의 계곡부 형태가 수형이다. 굴곡이 많은 형태의 지붕으로, 근래에 이런 유형의 형태가 자주 눈에 보인다. 수형은 병풍형의 형태로 되어 있어 긍정적으로 생각하거나 부정으로 생각하는 오성의 모양새로 복합적인 요소가 있다. 수리5행은 1과 6이다.

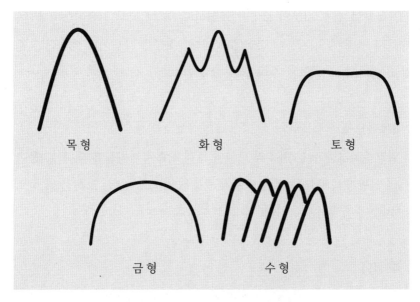

[그림 3] 목·화·토·금·수의 5행 모양

2. 가옥의 형태별 식재

과거 우리의 전통가옥은 주로 초가(草家)와 와가(瓦家)였으며, 그 외에도 지역적 특성과 환경을 고려하여 주위에서 구하기 쉬운 각종 재료를 활용하여 집을 짓고 살았다. 자연에서 생산되는 재료를 사용함에 따라 우리의 전통가옥은 자연과 조화를 이루는 친환경적 성격이 강하다고 볼 수 있다. 그럼에도 불구하고 전통가옥은 생활하는데 여러 불편함이 따르고 새로운 건축 재료가 개발됨에 따라 집의 구조나 형태 또한 실용적인 방향으로 다양하게 변화되고 있다.

1) 가옥의 형태

가옥의 형태는 건축 재료와 건물의 모양에 따라 일반 집과 특이한 집으로 구분할 수 있다. 일반적인 집의 형태로는 ① 초가(볏짚이나 풀을 이용한 지붕의 형태), ② 기와집(지붕에 기와를 이은 형태), ③ 너와집(지붕에 나무를 켜서 얹은 형태), ④ 함석집(지붕에 함석을 이어서 얹은 형태), ⑤ FRP집(화학 재료를 활용한 지붕)이 있다. 초가, 기와, 너와의 지붕의 형태가 대체적으로 길한 모습이다. 함석집과 FRP집은 겨울에 차고 여름에는 더워서 좋지 않다. 이러한 집은 풍수적으로나 미관상으로도(2차 산업에 맞지 않아) 좋지 않으므로 집을 건축할 때에는 신중을 기하여야 한다.

특이한 형태의 집으로는 ① 단지집(지붕에 깬 단지를 얹은 형태), ② 배집(지붕에 배를 올려 만든 형태), ③ 파도집(지붕 모양이 파도치는 모습의 집), ④ 예각집(예각이 많게 만들어진 유럽식 지붕 형태), ⑤ 총집(지붕의 모서리가 총잡이 같이 생긴 형태), ⑥ 다각집(각이 많게 만들어진 지붕 형태), ⑦ 기차나

버스 등 차량으로 지붕을 만든 집이 있다.

특히 총집의 경우 예각이 많다. 예각은 45° 미만의 각으로 앞부분이 뾰족하게 생긴 것을 말하는데, 상대방의 사람이나 건물에 피해를 주게 된다.[12] 예각이 많은 집은 좋지 못하다. 찌르는 형태는 받는 사람이나 찌르는 사람 모두에게 피해가 있다. 이런 경우에는 상호 접근을 피하고 거리를 두어야 하며 먼 거리로 이동을 하여야 그에 따른 피해를 줄일 수 있다. 이를 방치한다면 그만큼 충사가 쌓여서 점점 더 힘들어지게 되므로 가능한 예각을 만들지 말아야 한다.

그 외에도 비정형의 건물이 있다. 비대칭의 건물이나 빌빌 꼬여서 지어진 건물이나 이상한 형태의 비정상적인 건물은 건축하면 문제를 유발할 수가 있다. 이러한 건물은 풍수상이나 미관상 적절하지 않거나 좋지 않다. 바른 건축물이 올바르게 지어진 것이 보는 사람의 입장에서나 그 집 안의 사람 모두에게 긍정적인 생각이 된다.[13]

12 김상대·문경선, 『초고층의 이해-기술과 건축』, 사단법인 한국초고층도시건축학회, 2019, 167쪽.
13 김상대·문경선, 『초고층의 이해-기술과 건축』, 사단법인 한국초고층도시건축학회, 2019, 287-304쪽.

[그림 4] 비정형의 건물들

2) 가옥에 어울리는 식재

① 초가

초가집에는 박 덩굴이 올라져 있는 시골 마을이 생각된다. 이러한 광경은 참으로 평화스러우면서도 행복해 보인다. 이를 생각해서 초가집에 어울리는 초화류와 수목은 다음과 같이 열거할 수 있으니, 참고삼아 선택해서 이용했으면 한다.

토종산돌배, 개복숭아, 소나무, 고염나무, 산감나무, 재래종 감나무, 박, 라일락, 조롱박, 늙은 호박, 고구마, 까마중, 돌나물, 질경이, 돌미나리, 오가피, 수세미, 해바라기, 마(장마, 둥근마, 단마, 하늘마 등), 산초, 구기자, 골담초, 양파, 맥문동, 여주, 오이, 고추, 민들레, 옻나무, 율무, 씀바귀, 당근, 옥수수, 더덕, 토종뽕나무(오디), 토종다래, 민들레, 달래, 질경이, 미나리, 산머루, 가지, 고들빼기, 부추, 댑싸리, 옥수수, 오가피, 오미자, 돼지감자, 감자, 고구마, 돌나물, 당근 등으로 재배하면 풍미가 더해진다.

지붕에 박 덩굴이 올라가고 고추 걸이대, 마늘 걸이대, 옥수수 걸이대에 건조된 고추와 마늘, 옥수수는 시골 정취가 난다. 호박이 마당이나 정원에 있으면 보기가 좋다. 집 뒤나 안에 들깨 등을 심어 실용 위주로 하면 소박함이 살아 있는 조경이 된다. 당근은 조경 효과뿐만 아니라 항암 효과, 시력 보호 등 좋은 것이 많으므로 이중적인 효과가 있으며 또한 건강식으로 섭취하면 좋다. 울타리에는 골담초 등이 어울리며 자생종 품종이 많이 재배되고 있다.

초가집에는 조경수나 정원수가 화려하면 격을 깨뜨리므로 그에 맞게 식재하는 것이 주변 환경과도 잘 어울린다. 울타리 담의 지붕은 집과 같이 초가로 이어야 조화가 이루어져 격이 맞다. 구기자, 골담초는 울타리로 하면 되나 담의 목적에는 뒤떨어진다. 이러한 수종은 생울타리로서 접착을 할 수가 없기 때문에 담의 목적과는 어긋난다. 따라서 담 안이나 밖에 심으면 좋다. 고택에는 이러한 식물을 심어 울타리 대용으로 하면 좋다.

초가집에는 쑥을 활용하여 이용하는 방법을 연구하면 상당히 좋을 듯하다. 느릅나무, 꾸지뽕나무, 夏枯草(굴풀), 와송을 심어 식료품으로 이용하면 암을 예방하는 효과가 있어 좋다. 고구마는 항암 작용을 하며 대장에 좋으므로 많이 심어서 이러한 질환을 미리 예방하는 것이 효과적이다.

양파는 암 예방과 염증을 치료하는 효능이 있어 초가집 주변에 심어 쉽게 먹을 수 있도록 한다. 양파 껍질과 마늘 껍질은 신장암에 좋다. 미나리는 항암 효과가 있으므로 심어서 수시로 활용하면 좋다. 옻나무는 항암 작용도 하지만 단풍이 짙으므로 옻이 타지 않는다면 정원수로 개발해 심어도 좋다. 들깨는 항암 효과가 있으며, 키우기도 쉽고 소량으로 심으면 병해충이 없어 무농약으로도 재배할 수 있다. 토마토나 방울토마토를 심어 먹으면 암이 예방된다. 산사과는 과실주로 좋다. 산초는 기름도 좋지만 장조림을 해도 좋다. 초피나무는 냄새를 중화시키므로 음식에는 좋으므로 재배하면 산초와 비교된다. 화살나무는 단풍도 아름답고, 어린잎은 나물로도 먹을 수 있어 많이 심어 건강을 찾자.

위에서 제시된 식물 중에서 가장 흔히 볼 수 있는 것이 '박'이다. '박' 하나만 놓고 보더라도 지혜가 들어간 식탁 문화로 활용된다. 박은 흥부와 놀부 이야기에도 등장하는 식물로, 박을 켜서 실생활에 활용하면 얼마나 효과적인가를 이해할 필요가 있다. 박은 음식을 먹을 때 많이 활용했다. 금방 솥에서 나온 뜨거운 음식을 박 그릇에 담으면 뜨거움이 쉽게 없어진다. 그에 반해 플라스틱 그릇은 좋지 않은 남성 호르몬이 나오면서도 식어짐이 더뎌 음식이 뜨겁다. 철재 그릇은 어떤가? 뜨거움이 쉽게 가지 않고 오래 있으면 이질감이 생겨 물이 생성된다. 이것은 결로 현상이다. 미세하지만 쇠는 결로가 나타나 그릇으로는 적당치 않다.

이처럼 박을 제외한 여타 물질은 우리에게 좋지 못하다. 편리함만을 내세워 생활에 응용하고 있는 것은 안타가운 현실이다. 다시 옛날로 돌아간다면 당연히 그릇은 박이 되어야 한다. 시계를 거꾸로 돌려놓지 않아도 박은 우리의 건강을 위해 충분히 사용될 가치가 있다. 이처럼 장점이 많은 것이 박이지만 단점도 있다. 쉽게 깨지고, 약하고, 우리가 못살았던 기억이 있어 선호되지는 않지만, 건강을 위한다면 과감히 떨쳐 버려야 하지 않을까 한다. 다시 1970년대로 돌아가는 지혜가 필요하다.

또한 부가적으로 박은 정원에나 화단에 심어 놓으면 보기도 좋다. 어떤 꽃이나 좋은 나무 못지않게 푸르게 달린 박을 보면 부자가 된 듯 신기해하기도 했으며, 지금도 그렇게 생각하는 사람이 다수다. 박은 익으면 하얀색의 깨끗한 열매가 달리는데 이때의 박을 싫어하는 사람은 거의 없으며, 먹을 수도 있어 좋다. 속살이 흰 박은 오염이 거의 없다. 약을 치지 않는 유일한 식품이다. 박은 복이 들어온다고 하여 옛날부터 좋게 생각하곤 했다. 그러므로 옛날 것이라 하여 무조건 배척할 것이 아니라, 좋은 것은 골라서 다시 활용하는 지혜가 필요하다.

호박은 박과 마찬가지로 인간에게 좋은 식물이다. 농약을 치지 않으며 비료도 거의 주지 않는다. 애호박 때는 찬으로, 늙은 호박은 겨울철 '범

벅'이나 호박전으로, 모양이 좋은 맷돌 호박은 먹기도 장식용으로도 활용했다. 사람에게 가장 중요한 것은 건강이라고 한다. 우리가 먹는 음식에서 농약을 치지 않고, 화학 비료를 사용하지 않는 채소를 찾고 있지만 박이나 호박만큼 무공해 식품은 없다. 사람이 건강하면 행복은 따라오게 되어 있다.

② 한옥

전통 마을에는 한옥이 옛 모습대로 보존되어 있어 보기에도 아주 좋다. 기와집 담의 지붕은 기와로 하여야 어울린다. 이러한 건물에 어울리는 수종을 나열했으니 독자들은 활용하기를 바란다. 그 대상은 다음과 같다.

매·난·국·죽(매화 난초 국화 대나무) 그리고 소나무, 무궁화, 백송, 금송, 보리수나무, 대추나무, 목련, 단풍, 토종무궁화, 백일홍, 남천, 홍화 꽃, 민들레, 국화꽃, 결명자, 치자나무, 박하, 와송, 커피, 삼지구엽초, 앵두, 마, 구기자, 모과, 천연초와 백연초, 알로에, 머루, 작약 꽃, 율무, 산초나무, 결명자, 커피나무, 꽃 양귀비, 마, 재래종 산수유, 조팝나무, 허브, 머루, 맥문동, 돌나물, 금낭화, 나라꽃 무궁화, 주목, 눈주목 등은 기와집에서 어울리는 식물로 재배하면 운치가 있다. 천리향이나 백리향 등도 심어 부녀자들의 후원이 만들어지면 좋다.

전통 마을인 경북 경주시 양동마을은 이러한 식물들을 많이 식재하고 있어 한층 더 품위 있고 격조가 높아 보인다. 집 안에 연못을 만들어 가시연, 부레옥잠, 수련, 꽃창포, 개구리밥 등 수생식물(水生植物)을 재배하면 품격이 높아진다. 행운목, 개운죽은 작은 그릇에 심어서 감상해도 좋으며, 방 안에 놓아도 좋다. 신기하게 느껴질 정도로 크는 것이 보인다. 이러한 식물은 암 예방에도 도움이 되는 수종이다.

돌나물, 맥문동은 항암 작용이 있으며, 조경수의 지피식물로도 좋다. 복자기와 옻나무는 단풍이 좋다. 특히 옻나무는 옻닭 등으로 몸속을 데우는 데 일품이다.

기와집과 어울리게 뒤뜰에는 오죽, 쪽동백나무, 노각나무, 석류, 소나무 등 4군자 종류와 토종모과 약초류를 심어 집과 어울리게 한다. 장식품으로도 고급 티가 나는 느티나무 장식이나 박달나무는 장식용 목재로 하는 것이 좋다. 석류는 씨가 많고 영양이 많아 다들 좋아하고 있으며 다산을 상징하는 의미로 많이 심고 있다. 또한 석류는 씨앗이 헤아릴 수 없을 정도로 많아 자손의 번창을 뜻하는 의미로 집 앞에 많이 심었다. 모과나무는 기관지 천식에도 좋으므로 가정에서 키우면 좋다. 모과분재는 모양도 좋고 분재 가치도 높아 일거양득으로 키우면 효과가 있다. 이 나무는 시간이 지남에 따라 가격이 올라가 조경수나 정원수로 일품이다.

헛개나무는 지방간에 좋으므로 많이 심어 간을 보호하며 눈도 좋아진다. 커피나무는 여러 가지 좋은 점이 많으며 정원수의 관목으로도 상당히 좋고 기온만 높여 주면 관리도 힘들지 않은 좋은 수종이다. 대추나무는 왕을, 석류는 다산을 상징하므로 이러한 수종을 심어 기르면 복을 기대할 수 있다. 강황(울금)은 뿌리 색깔이 아름답고 암을 예방하므로 심으면 좋다. 돌배는 항암, 목감기, 항산화, 혈관 질환에 좋으므로 조경 작업 시 참고할 필요가 있다.

③ 와가

와가의 종류에는 기와와 너와가 있다. 기와는 지붕에 기와를 올리는 것을 의미하며, 너와는 지붕에 굴피와 참나무를 쪼개어 올리는 방법으로 구분된다. 굴피집은 강원도의 산간 지역에서 많이 볼 수가 있다. 와가에는 돌배, 개복숭아, 고추, 콩, 박, 조롱박 등으로 강원도 촌락 지역에 어울리는 수종이 좋다. 부지런하고 소박한 느낌의 수종이 무난하다. 박은 나물로도 좋으며 조롱박은 더운 날 떠먹는 물그릇으로 사용하면 물맛이 좋아 안성맞춤이다. 오죽은 집 뒤에 심으면 좋다. 대죽은 유황이 나오므로 대나무 죽통 밥을 해 먹으면 좋다. 화살나무는 단풍이 좋으며 약초로도 사용한다.

④ 함석집

함석집은 재래종 수종인 진달래, 철쭉, 작약, 미스박 라일락, 미스김 라일락 등으로 재배해야 잘 어울리며 재래종이나 개량종에 너무 치우치면 좋지 않다.

⑤ 양옥

양옥에는 양난, 서양측백, 블루베리, 라일락 등 개량종 위주로 조경을 해야 집과 어울리며 재래종은 어울리지 않는다. 개량종으로 정원을 꾸미는 것이 좋다. 울타리는 흙담보다 은행, 측백, 대나무 등 생나무로 하는 것이 더 잘 어울린다. 그러나 전착의 개념과는 거리가 있어 계획을 잘 세워 나가야 실패가 줄어든다.

⑥ 돌집

돌집은 돌로 만들어진 집으로 집 주변에 재료가 돌로 되어 있으면 가능하다. 그러하지 않으면 공사비가 많이 들어가며, 겨울철에는 더 추워 보이는 것과 실제적으로 연료비가 많이 드는 단점이 있다. 초화류 등은 와가와 유사하다.

⑦ 기타(FRP, 철재 등)

양옥집과 마찬가지로 개량종의 수종이 어울린다. 서양란, 페리칸타 등 화려한 수종이 좋다. 외래종인 코스모스 등이 좋으나 너무 흔해 귀한 존재감은 떨어진다.

제 **6** 장

양택의 비보와 엽승

비보와 엽승은 나무로 하는 경우에는 잎이 넓은 수종으로 해야 그 목적에 맞게 달성된다. 잎이 작거나 가늘면 바람을 차단하는 데도 문제가 있으며, 시각적으로 보는 데도 한계가 따른다. 차폐가 목적인지 비보, 엽승이 문제인지를 판단하고 나서 해야 된다. 비보는 부족함을 메우는 데에 있어서는 잎이 큰 수종과 밀식하는 지혜가 있어야 쉽게 비보의 목적을 달성할 수 있다. 비보와 유사하지만 엽승은 차폐의 기능 쪽으로 편중되어 있어 비보와 같은 작용을 하는 것은 아니므로 목적에 따라 구분해야 된다.

1. 비보 裨補

　비보는 부족한 부분에 대해 보충하고 더해 주는 역할의 풍수지리적인 개념이다. 아기를 안은 엄마가 한쪽 팔이 불편하거나 부족하면, 이 부분에 대한 대응적인 방법으로 대치하는 것을 의미한다. 아기를 안아 주기 위해서는 아기를 업을 때에 필요한 것을 활용하여 아기를 업어 주거나 안아 주면 된다. 포대기와 같은 기구가 비보물이 되는 것이다.
　이러한 비보는 풍수지리에서 요긴하게 다루어지는데, 특히 양택에서는 필수적으로 응용되고 사용된다. 집 안에서나 집 외각에서 필요로 하는 것이 대부분이다. 동쪽이 약하면 붉은 꽃이 피는 백일홍이나 단풍이 좋은 박태기나무를 심으면 보강되므로 비보의 효과가 크다. 이와 더불어 서쪽·남쪽·북쪽도 음양 5행을 활용하여 비보적인 효과가 나타나도록 하면 명당화가 될 것이다.

2. 엽승 厭勝

엽승은 비보와는 차이가 있다. 비보가 모자람이 있는 것을 다루는 반면에 엽승은 힘이 넘쳐나거나 상대를 억압하는 형태가 되면 이를 보이지 않도록 하는 차폐가 목적이 된다. 그러나 차폐와는 뜻이 다르다. 엽승은 원천적으로 힘이 넘치거나 강제하는 대상물을 없애 버리면 되지만, 현실은 불가능한 것이 대부분이다. 이러한 배경에는 그 자체가 너무 크거나 어떻게 할 방법이 없다는 데 있다. 이 경우에 대타로 할 수 있는 방법이 식재를 하거나 즈므14를 하는 것이다. 이렇게 되면 근본적으로 기분 나쁘게 보이는 그 대상물을 보이지 않게 하거나 약해지도록 하는 방법이 차폐이다.

집에서 흉물스런 바위산이 보이면 이 바위산이 보이지 않도록 하기 위한 방법으로 가산을 만들거나 나무를 심는 것으로 그에 대한 부작용이나 흉을 예방했다. 이것이 엽승이다. 이러한 예는 안동 하회마을에서 볼 수 있는데, 그 대상물이 바로 만송정이다. 만송정은 건너편에 있는 험한 바

---

14 즈므는 가산을 만드는 형태로, 동네 어귀에 많이 설치하여 명당화하는 방법이다. 드므와는 차이가 있다. 전자는 비보적인 방법이, 후자는 엽승적인 의미가 강하다.

위를 보이지 않도록 하는 역할을 하고 있다. 이는 엽승의 방법이다. 또한 물길이 가는 것을 방어하기 위한 방법으로도 사용됐다. 이는 비보로 일거양득의 이중적인 개념이다.[15] 하나로 2가지의 중복된 목적을 이룬 것이 재미나게도 하회마을에 있다.

비보든 엽승이든 간에 죽은 자보다는 산 자를 위한 행위이기 때문에 탑이나 성(城)을 조성할 때는 신중을 기해서 설치해야 한다.[16] 한 번하고 마는 것이 아니라 계속적이고 연속적인 비보와 엽승이 되어야 하기 때문이다. 비보와 엽승의 차이점은 아래 [표 6]과 같다.

[표 6] 비보와 엽승의 비교

구분	비보	엽승	혈
뜻	모자람에 대한 보충	지나침에 대한 차단	기
방 법	명당화=부족+r	명당화=넘침-r	혈=명당
종 류	나무+가산	나무+가산	4상
풍수효과	상징적	상징적	발복
음 택	불가	불가	직접
양 택	필요	필요	불가
수 단	직접	간접	혈증
실제적 효과	크다	작다	아주 크다
동시작용	중복 가능	중복 가능	불가능
물 품	木	드므, 소금단지	무
5 행	순기능, 生	역기능, 克	자연

---

15 비보와 엽승이 동시에 이루어지는 일거양득의 의미에 대해서는 새로운 어휘의 탄생이 필요하다. 필자는 이에 관한 별도의 의견을 제시할 것이다.

16 김상대·문경선, 『초고층의 이해−기술과 건축』, 사단법인 한국초고층도시건축학회, 2019, 22쪽.

5행 관계	木火土金水	火水	무
주 용 도	방풍림, 어부림, 마을 숲, 사찰, 돌탑	소나무 등 나무, 건물	무

※ 비보와 엽승의 일거양득의 효과

비보(裨補)에서 裨는 도울 비, 더할 비, 줄 비, 작을 비, 비장 비, 관복 비로 되어 있다. 이 중에 비보의 의미에 가장 근접한 것은 도울 비가 된다. 補는 기울 보, 도울 보, 수선할 보, 수이름 보로 도울 보가 으뜸이다.

엽승(厭勝)에서 厭은 편할 엽, 미워할 염, 만족할 염, 싫을 염, 넉넉할 염, 찰 염, 아름다울 염, 게으를 염, 빠질 암, 막힐 암, 도울 엽, 덜 엽, 누를 엽으로 되어 있으며 가장 적당해 누를 엽으로 보는 것이 타당하게 생각된다. 勝은 이길 승, 가질 승 등으로 이길 승이 적당해 보인다.[17] 이러한 뜻으로 裨補는 먼저 이용된 裨로, 厭勝은 厭으로 한 자씩 따와서 비엽(裨厭)이라고 하면 좋을 듯하다. 따라서 비보와 엽승은 구분되면 각각 따로 사용하고, 구분이 어렵고 겸해서 활용되는 경우에는 비엽으로 사용함이 좋을 듯해 의견을 구하는 바이다.

---

[17] 장삼식, 『한한대사전』, 교육도서, 1993. 전반

3. 비보와 엽승의 활용 수단

1) 드므와 즈므

① 드므

드므는 불이 나면 물을 가두어 둔 곳에서 물을 이용해 불을 끄는 역할이 되도록 하는 큰 그릇이다. 드므는 물 단지이기 때문에 5행상 물이며, 수리 5행은 1과 6이며 5색은 흑색이다. 그러므로 돌로 한다면 무난하고 돌의 색은 검은색이나 흰색을 활용하면 불을 끄는 목적에는 5행이 맞다. 불이 났으면 급히 소화를 해야 하기 때문에 접근이 쉬운 곳에 놓아두어야 한다. 드므의 역할은 직접적인 방법으로 쉽게 소화시키는 데에 필요한 물의 담금 장치이며, 불이 나면 119의 소방차를 부르기에 앞서 크기가 비교적 작은 불을 사람이 빠르고 손쉽게 끄기 위한 간단한 방편으로 마련된 물그릇의 물로 직접적인 효과가 있다.

또한 드므는 간접적인 엽승의 바람도 반영되어 있다. 불이 나면 항상 물이 준비되어 있으니 불이 나지 않는다는 염원으로 불이 날 일이 없다는 생각과 물은 불을 제압할 수가 있다는 상극의 수극화(水剋火) 논리가 그 속에 포함되어 있다. 이러한 실례는 경복궁의 근정전에서 볼 수 있다. 규모가 큰 대형 건물이나 가정과 사찰에서는 드므를 활용하여 소규모로 가시연을 심어 이중적인 목적을 두면 좋을 듯하다. 이러면 미적 감각도 살릴 수 있고 화재 진화의 효율성도 살릴 수 있어 2마리의 토끼를 잡는 효과가 있다. 경복궁에는 드므, 해태, 수(水), 경회루 등 관악산의 화기를 제어하기 위한 많은 종류의 엽승물들을 설치하여 화기를 제압코자 했던 선조들의 지혜가 엿보인다. 이는 비엽(비보와 엽승)의 활용 방안이었다.

② 즈므

즈므는 뜻을 헤아리면 '지은 뫼(산)' 혹은 '조산(造山) 마을의 동산'이
다.[18] 이러한 즈므의 설치는 마을의 입구나 어귀에 많이 응용했다. 설치
하는 방법은 다양하다. 그러나 즈므를 할 때 조심할 점이 있다. 마을의
가운데에 하는 경우에 산의 형태가 앞과 뒤가 맞아야 한다는 것이다. 마
을에서 보기에 뒤가 된다면 마을을 위하는 것이 아니라 배반하게 되어
마을을 배신하는 행위의 행태가 되기 때문이다. 이렇게 되면 즈므의 목
적은 멀리 가버린다. 마을에서 보아 즈므의 안(內)이 되는 방법으로 만
들어져야 한다는 것이다. 마을에서 물이 나가면 그 물이 쉽게 빠져나가
서는 곤란하다. 천천히 가도록 하는 역할이 되도록 한다면 둔덕의 앞이
만들어지도록 하여야 된다. 이 내용은 대단히 중요하다.

이에 대한 여러 가지 방법론은 다음과 같다. 산을 대신하여 이름만 조
산(천연산)이라고도 하는 것과, 가산을 만들거나 나무를 심거나 혹은 돌
탑을 만들어 수구막이 역할도 했던 것이 조산의 범주에 들어가는 즈므이
다. 드므와는 어휘가 유사해 이를 함께 이해할 필요가 있기도 하며, 내
용 자체도 대단히 중요하다. 이에 따라 드므와 즈므의 차이점을 비교해
보면 다음 [표 7]과 같다.

---

18 최원석, 『산천독법』, 한길사, 2015, 46쪽.

[표 7] 드므와 즈므의 비교

구 분	드 므	즈 므
뜻	물그릇	造 山
이 용	물	흙 돌 나무
목적이나 수단	화재 예방	설기 방어
상생과 상극	수극화로 상극	토양 위에 나무 식재
적 용	엽 승	비보 엽승
활용 정도	일 부	多
실 예	경복궁 등 5궁	마을 앞

2) 장승과 솟대

장승과 솟대는 비보와 엽승으로 이용하면 가정에 안녕과 행복을 주는
것으로 인식되어 있어 시도해 볼 만하다. 장승에는 희망과 행복을 빌어
보는 의미도 들어 있으며, 솟대도 마찬가지로 장승과 유사한 의미를 담
고 있다.

[그림 5] 장승과 솟대[19]

---

19 인터넷, 다음. 장승과 솟대.

[표 8] 장승과 솟대의 비교

구분	장승	솟대
목적	안녕과 기복	건강과 행복
모습	인간	새
수단	대형목	소형목
상징	천하대장군 지하여장군	새 모습
설치	입구	마을 입구나 요로
사용 추세	마을 관청	고속도로 변

3) 동물과 식물

① 동물

양택은 울타리가 4신사를 대신한다. 집의 왼쪽에는 청룡을, 오른쪽에는 백호를, 앞에는 붉은 새를, 뒤에는 검은 거북이를 배치하는 방법이다. 이는 4신의 동물이 바람의 정도를 다루는 방풍의 역할과 안전의 의미를 담고 있다. 그리고 누구 소유의 집이라는 상징적인 의미를 더하는데, 이러한 배경에는 동물을 배치하여 세상을 다스리는 역할도 했다. 12

띠[20]의 방법으로 활용하는 경우가 있었으며 여기에다 5행을 접근시켜 활용하는 방법도 있었다. 12띠의 동물에 대한 지물은 시중에 나와 있는 것이 다양해서 발품만 제대로 활용하면 구하기가 어렵지 않다. 그 대상물은 나무나 돌, 쇠 등 여러 가지 물형이 많으므로 큰돈 들이지 않고 구입하여 사용할 수 있다.

② 식물

식물을 활용하는 것은 집 주변의 울타리나 경관을 만드는 목적이 있다. 집 앞에는 붉은 색깔의 식물을, 왼쪽에는 푸른 색깔의 식물을, 오른쪽에는 백색을, 집 뒤꼍에는 검은 색깔의 식물을 심어 4신사의 역할을 대신토록 하는 개념이다. 부추나 와송을 키워 보는 것은 의미가 솔솔하다. 와송은 5행색이 두루두루 있어 집의 4군데 주변에 심으면 좋다. 5색으로 울타리 주변에 심으면 보기도 좋고 크면 우리가 먹어서 건강도 지킨다.

건강하면 행복은 따라오게 마련이다. 지금 이 책을 보는 독자도 목적은 같은 것이 아닌가? 한 가지 식물의 예를 더 들어 보면, 부추의 경우는 혈액을 맑게 하고 기를 생성해 주며 고혈압을 낮추어 주는 역할도 한다. 집의 왼쪽에 심어 주면 풍수 목적은 물론 건강을 지키는 파수꾼의 역할도 당당히 한다. 식물은 참으로 활용 방법이 무궁무진하다.

---

20 12띠는 12지지와 같다. 지지는 자축인묘진사오미신유술해로, 쥐·소·범·토끼·용·뱀·말·양·원숭이·닭·개·돼지이다. 이 12동물들의 형상을 주변이나 시장에서 구입하여 유리하게 작용되는 방법으로 활용하면 좋겠다.

4) 부작

부작은 공기 청정의 효과나 인테리어 효과를 얻어 집 안이나 주변에 활용하면 좋다. 그 종류는 다양하다. 나무를 활용하는 목부작, 돌을 활용하는 석부작, 기와를 활용한 와부작, 도자기 등 질그릇을 활용한 도부작 등이 있다. 부작은 활용도 면에서도 고급스러우며 풍수적으로나 풍수외적으로도 용도가 다양해서 활용하면 상당히 호평을 받을 것으로 짐작된다.

① 목부작

목부작은 5행상 목(木)과 목(木)이 성립되어 활용함으로써 중첩된 형상이다. 이는 목(木) 위에 목(木)을 첨가한 사항으로 목(木)이 2배 강하게 보인다. 목이 약한 사람에게는 목부작을 만들어 집 안에 놓으면 상생이 되어 좋다. 나무에다 난을 붙여서 만든 작품성 수작으로 요즈음 한창 인기를 끌고 있는 것이 있다. 이는 취미로나 관상용으로 활용하여 취미도 붙이고 돈도 만드는 일석이조의 효과를 노릴 수 있다. 난이나 크기가 작은 식물을 대상으로 하여 뿌리나 고목에다 실을 활용하여 난을 키우는 방법으로 친밀감이 있어 좋다. 규모가 큰 대형은 집 안에서는 어울리지 않으므로 집 밖에 설치하는 지혜가 필요하다. 목부작은 양택 풍수에서 발전의 가능성이 무궁하다. 한 번쯤 과감하게 사용하는 지혜가 필요하다.

② 석부작

석부작은 5행상 금(金)에다 목(木)을 접목한 것이다. 목부작은 나무에다 하는 것이고 석부작은 돌에다 난이나 작은 규모의 식물을 접합시켜 키우는 것으로, 돌이라는 이질감을 감추는 역할과 동시에 식물을 키우는 재미도 쏠쏠하다. 돌에 식물을 놓은 석부작은 가정의 실내에서도 재배가 가능하여 건강을 지키는 방법으로 각광을 받고 있다. 다만 앞에서도 언급하였지만 차가운 성질이 있으므로 석부작은 배치에 신경을 써서 활용하면 된다.

③ 숯부작

숯부작은 5행상 수(水)에다 목(木)을 한 것으로 수생목(水生木)이 되어 좋다. 숯부작은 숯에 난초 등 초화류를 붙인 것이다. 숯은 인간에게 유리한 작용을 한다. 습기가 많이 있는 계절에는 숯이 습한 기운을 빨아들이며, 건조할 때에는 습기를 배출하는 이점이 있어 주변의 환경을 순화시켜 주거나 중화시키는 작용을 하며 음이온의 방출로 우리에게 좋은 것을 많이 선사하는 물질이다. 이와 더불어 난은 푸르름과 5행색을 주고 있어 여러모로 우리 인간에게 도움이 되는 바, 가정에서 숯부작 하나쯤 키워 공기 정화차원에서 해보는 것도 좋을 것이다.

또한 숯부작은 선물용으로도 적격이다. 만들어 주는 경우도 있지만 가격 면에서도 그렇게 비싼 것은 아니기 때문에 선물용이나 가정용으로 사용해 보는 것도 좋을 듯하다. 습기가 많은 곳에서는 이러한 숯을 활용하면 한결 기분이 상쾌해진다. 숯은 방부의 역할도 해 우리들에게 건강을 주는 이로운 물질이다.

④ 와부작

기와에 난초 등을 만드는 것으로 기와와 풍난이나 바위솔, 난을 함께 감상하는 것으로도 의미가 깊다. 기와는 원래 와송이 있어 옛날부터 약으로 사용되곤 했다. 특히 와송은 겨우살이, 하고초, 구지뽕과 더불어 9대 암을 예방하는 항암 작용의 으뜸 식물로 한창 인기를 끌고 있으므로 집 주변에 심어 일거양득으로 활용되었으면 한다.

⑤ 도부작

도자기에 난 등을 부착시켜 감상하는 것으로, 와부나 목부나 석부작 못지않게 주변에서 볼 수가 있다. 도부작은 고급스러워 값어치가 대단해 관상용으로 활용해도 좋을 듯하다.

[그림 6] 5행의 난들

5) 소리

종소리는 사찰에서 쉽게 듣거나 볼 수 있다. 사찰에는 지붕의 4각 모서리에 종을 달아 놓아 잡귀를 몰아내는 역할을 한다. 이는 가정에서도 활용하면 좋겠다는 생각이 든다. 바람이 불면 종이 흔들리면서 소리를 내 사찰에 좋지 않은 사기를 분산시키는 역할을 한다. 이러한 소리는 조용한 가운데 들어 보면 소리의 운치도 있고 적막감도 달랠 수 있어 좋으며, 그 소리로 인해 장애를 물리치는 염승의 개념도 간직된 것으로 한번 시도해 봄직하다. 가정에 집을 짓더라도 이 점을 생각하여 종을 달아 놓는 지혜를 가지면 건축미와 함께 사찰의 풍경 소리를 집에서도 음미할 수 있어 새롭다.

또한 신라 때 만파식적이 피리를 불어 가물 때는 비가 오도록 하는 역할을 했으며 비가 내릴 때는 날이 맑아지고 바람은 고요하고 파도는 잔잔해진다고 하는 것의 소리로서 비보적인 효과도 있었다.[21] 일반인들도 이처럼 소리를 활용하면 좋은 비보와 염승이 될 것이다.

6) 문자
① 立春大吉과 建陽多慶

대문에 붙이는 입춘대길과 건양다경은 불행을 다스리고 복을 받고자 하는 주술적인 개념이 있다. 입춘을 기준점으로 개문만복래(開門萬福來)와 입춘대길(立春大吉)은 같은 내용의 글씨를 써 미래를 내다보는 개척자가 되고자 하는 것이었으며, 복음의 의미도 들어 있어 좋다. 또한 앞

---

21 최원석, 「사람의 지리 우리 풍수의 인문학」, 한길사, 1976. 91~92쪽, 재인용(삼국유사).

에는 닭의 그림, 뒤쪽에는 거북이의 그림, 왼쪽에는 용의 그림, 우측에
는 호랑이의 그림을 그려서 활용하는 방법도 가능하다. 위와 같은 방법
은 색을 활용해 사용해도 좋다. 왼쪽에는 청색으로 오른쪽에는 흰색으
로 앞에는 붉은색으로 뒤쪽에는 검은색으로 치장을 해도 같은 의미가 되
므로 시도해 보면 좋을 듯하다.

② 也·用·勿 자 형국

이끼 '也' 자는 왼쪽 울타리보다는 오른쪽 울타리를 강조하기 위한 방
법으로 활용하면 의미가 있다. 경상북도 영천시 북삼면에 있는 광주이
씨 묘가 이 형국이다. 묘지이지만 집에서도 이러한 방법을 울타리에 활
용하면 의미가 있으며, 왼쪽보다는 오른쪽을 강조하는 면이 강하므로
집의 주변을 살펴 우측에 무게감이 있는 경우에 사용하여야만 그에 다른
적절성이 배가된다.

이에 비해 말 '勿' 자는 왼쪽 울타리를 강조하기 위한 방법으로 활용하
면 이미지가 살아난다. 勿자는 경상북도 경주시 양동마을 전체의 형국
으로, 이 동네는 왼쪽을 강조하는 의미가 있다. 왼쪽은 자손의 번창, 하
늘의 운명, 계급의 개념 등에 의미를 강조하고 있다. 이에 비해 오른쪽
은 부자의 의미나 여성의 개념이 강하다. 이러한 의미는 옛날이나 지금
이나 같은 방법으로 활용하는 면이 되겠다.

쓸 '用' 자는 좌우의 균형이 같은 경우에 활용하는 방법으로, 재실이나
서당의 중앙을 기준으로 하여 좌우의 중간에 대문을 설치하는 경우로 중
용의 중정의 의미가 강한 글자이다. 여기에는 서양의 조경 형태인 대칭
의 개념도 들어 있다.

제 7 장

양택의 영향력과 이해(利害) 요소

양택은 지표면에 위치해 있으면서 태양의 천기를 받기 때문에 땅속에서 지기를 직접적으로 받는 음택과는 다르다. 건물 안에서 생활하는 자와 잠을 자는 자만이 길흉의 영향을 받는 것이 양택이다. 그렇기 때문에 집의 건물만 양호한 조건을 갖추게 되면 좋은 영향을 받을 수 있어서 음택과는 다르다는 것이다.

1. 양택의 효과와 발음

　양택에 미치는 효과와 발음에는 사자와 생자의 구분이다. 죽은 자에게는 효과가 없고 산 자에게만 효과가 있다. 양택은 자손이나 지연, 혈연과는 관계가 없다. 그곳에서 사는 사람이 발복을 받음으로 현실성이 있다. 일본은 섬 지형으로 인하여 장사를 하는 음택보다는 현실성이 높은 산 자에게 치중하는 양택풍수가 발달됐다. 이와 같은 논리로 무장된 이론이 일본식 양택이다.

　이에 따라 집에서는 살아야 빛을 본다. 살지 않으면 의미가 없다. 아무리 좋은 조건의 집이 되더라도 비어 있으면 효과는 없다. 좋은 의미이든 좋지 아니한 의미이든 살아야만 길흉의 관계가 성립된다. 이에 비해 음택은 접근 방법이 다르다. 묘지는 실재로 고리타분하다. 후손이 영향을 받아 그 나름의 발복을 갈망한다. 그러나 이는 분명치가 않다. 풍수는 이게 항상 문제였다. 내가 잘되면 내 탓으로, 내가 잘못되면 조상 탓으로 돌렸다. 이러한 음택의 인식이 풍수 발전을 저해하는 요소가 되기도 했다. 그러나 양택은 다른 이유가 여기에 있다. 집 안에 들어가 살아야만 효력이 있기 때문이다.

이제는 집에 대한 이론을 살펴보자. 양택은 지표면에 위치해 있으면서 태양의 천기를 받기 때문에 땅속에서 지기를 직접적으로 받는 음택과는 다르다. 건물 안에서 생활하는 자와 잠을 자는 자만이 길흉의 영향을 받는 것이 양택이다. 그렇기 때문에 집의 건물만 양호한 조건을 갖추게 되면 좋은 영향을 받을 수가 있어서 음택과는 발음의 관념이 다르다는 것이다. 음택이 아무리 좋다고 하여도 양택의 조건이 바르지 못한다면 거기에 따른 피해 정도는 감수해야 한다. 물론 음택에 의한 발음과 양택의 발음이 같은 조건으로 받는다면 더 좋겠지만, 그러한 조건이 함께 구성되기란 쉬운 것이 아니다.

따라서 양택은 택지 선정과 건축 방법 등이 발음의 영향을 결정하는 요소가 되고 있다. 잠자는 장소로서의 가치가 그만큼 크다는 것이다. 잠은 보약이라 했다. 설치는 잠은 좋지 않고 숙면이 보약인 것이다. 이에 따라 첫 번째로 잠이 오지 않을 때는 편안하게 누워서 발끝을 앞으로 죽 펴고 5초간 있다가 다시 발끝을 뒤로 쭉 당겨 숨을 내쉬면서 하는 운동을 5회 반복해서 한다. 이러면 인대가 늘어나는 느낌이 들며 피로가 풀린다. 이때 시간이 지나면 저절로 잠이 든다. 이 잠이 숙면이다.[22] 숙면은 하루 3시간만 자도 충분하다고 한다.

---

22 김규환, 「어머니 저는 해냈어요」, 김영사, 2001, 107-108쪽.

개는 코와 입이 따뜻해야 잠이 오고 사람은 발이 따뜻해야 잠을 잘 잔다. 이것이 바로 두한족열(頭寒足熱)이다. 이처럼 하루의 시작은 잠을 잘자야 그날의 시작이 즐겁다. 잠을 잘 자야 다가오는 아침이 즐겁다는 말이다. 이는 종시의 의미이다. 끝이 좋아야 시작이 좋다는 말과도 같다. 끝은 잠을 잘 자는 것이며 그래야만 시작하는 아침이 즐겁다는 말이다. 이는 하루의 즐거움은 저녁에 잘 자야 된다는 말과도 통한다. 아무리 좋은 자리라 한들 잠이 잘못되면 그날의 일과는 즐거움이 아니라 괴로움의 연속이다. 괴로움의 연속은 행복이 아닌 불행이 지속되는 것이다.

그다음은 좋은 지리적 조건이다. 좋은 곳을 찾아서 집을 짓는 것이다. 이는 이 책 전체에서 주장하는 대전체인 의미이다. 세 번째가 구들을 놓고 구들장에 불을 지피면 만사 해결된다. 이에 대한 설명은 해당되는 장에서 다시 펼칠 것이다.

2. 양택의 이해 利害 요소

1) 이로운 요소
① 황토

황토는 음이온을 배출하며 황토 벽돌, 황토집이나 건축 등에 많이 사용되어 왔다. 이 흙은 음이온이 나오고 우리 몸과도 아주 유사하게 생성된 물질로서 이로운 것이 너무나 많다. 앞으로도 건강을 추구하기 위하여 계속 수요가 늘어날 것으로 보인다.

② 맥반석

맥반석은 이명으로 '일라이트'라고 하며 영동에서 유일하게 채굴된다.[23] 이는 원예, 정수기, 양어, 화장품, 건축 자재, 도자기 등 여러 곳에서 활용된다.

③ 게르마늄

게르마늄은 건전한 세포를 만들며 발생기의 산소를 만들어 우리 몸을 좋게 한다. 면역력과 자연치유력이 뛰어나다.

④ 산소

산소는 독서실에서 공부하는 학생들에게 인기가 높다. 산소가 주입된 곳에서의 생활은 좋을 수밖에 없다. 일산화탄소를 배출하면 피로감이 쉽게 가고 빨리 회복되는 기운이 있다.

⑤ 피톤치드

편백나무는 소나무보다 피톤치드의 발생량이 많다. 정원에 1그루 이상 의 나무를 심어 복잡한 도시 생활에서 탈피하여 맑은 공기를 마시는 지혜가 필요하다.

⑥ 목초액

---

23 관요 문재남, 「구들 쉽게 놓는 방법」, 청홍, 2014. 201-203쪽.

목초액은 사람이 먹을 뿐만 아니라 농약 대용으로도 활용하여 농사를 짓는 방법은 무궁무진하다. 목초액의 효능을 이해하여 좋은 방법으로 활용하는 건강법은 다양하고 우리 건강에도 이롭다.

⑦ 토르마린

토르마린은 6각 주상형의 결정을 갖는 극성결정체이다. 이 광석은 음이온이 배출되므로 활용하면 좋다.

⑧ 숯

숯은 부패 방지, 공기 정화, 냄새 제거, 음이온 발생, 원적외선 효과 등이 나타나므로 활용도가 높다. 활용 방안은 숯부작이나 가습기 등 이용 영역이 점차 넓어진다.

⑨ 겔라이트

이는 천연광물로 수맥차단 효과, 게르마늄 효과, 방습 방음효과, 음이온 원적외선 등 사용의 폭이 넓다.

⑩ 소금

소금은 방부재, 방충재 등의 효과가 있어 목재 나무 밑에 뿌리면 염수가 빠져 나무의 수명이 연장될 뿐만 아니라 우리에게 많은 효과도 준다. 배추 절이기에 활용되는 소금은 삼투압 작용을 한다. 이는 소금이 물을 흡수함으로써 배추의 활성이 약해지는 효과이다. 이처럼 소금은 물이나 습기를 빨아들이는 흡인력이 대단히 높으므로 잘만 활용하면 상당히 효과적인 물질이다.

⑪ 편백나무

이 나무는 조경수로 방향제나 스트레스 해소에 도움이 되며 정원에 심어도 좋다. 잎은 방향제로도 효과적이며 피톤치드가 가장 많이 나오는 나무이다.

⑫ 방향제

박하, 들깨 등 국산 허브와 외국산 허브의 종류가 아주 많으므로 적극 개발하여 사용하면 좋다.

⑬ 피라미드와 히란야

히란야는 동대구역 백화점 벽면에 히란야를 설치하여 밤의 야경을 눈 요기하도록 하는 볼거리 제공과 기운을 돋워 주기 위한 시민 편의의 氣적 장치를 해서 여러 가지 도움을 간접적 혹은 직접적으로 선사하고 있다. 피라미드 이용 방법 등이 발전하여 사용 영역이 확장되고 있으므로 이를 활용하는 방법이 필요하다.

2) 해로운 요소
① 전자파

전자파는 어린이 혹은 잠잘 때 머리 주변에 두면 양이온이 넘쳐흘러 건강에 좋지 않다. 우리 몸 주변에는 음이온이 나오는 숯을 놓자. 전자

파 등의 양이온을 중화시키는 작용을 하는 것이 숯이다.[24]

② 예각

실 내·외에 예각이 있는 물건이 있는지 확인해서 정리를 할 필요가 있다. 이를 방치하면 많은 손상이 예상된다. 특히 젖먹이 어린이나 유치원생들은 무심코 잡아당기는 습관이 있으므로 예각이 있는 물체는 정리해야 피해를 줄여 나가야 한다. 텔레비전이나 책상 위에 있는 뾰족한 물품은 정리를 하여야 후환이 줄어든다.

③ 보일러

화목을 사용하는 구들에서 온기를 편하게 하는 것보다 발전된 보일러가 인기이다. 전기보일러, 연탄보일러, 화목보일러 등은 장판 아래 물이 있다. 물은 수맥을 양산한다. 수맥은 그 피해가 크다고 하면서 물로 설치된 보일러는 괜찮다고 하는 세상이다. 참말로 희한한 세상으로 변해 사는 것이 현실이다. 보일러는 허용하면서 수맥은 허락지 않는다. 특히나 풍수 혈 공부를 하는 사람이면서도 보일러는 이상 없다고 하는 세상이다. 진정으로 보일러는 피해가 없는지 깊이 생각해 보기 바란다. 이를 방어하는 수단은 화목을 피우는 구들이다. 구들은 이러한 피해가 없으며 풍수의 와혈과도 유사하며 인체와는 거의 같다. 이렇듯 참으로 신기한 것이 구들이다.

---

24 송재만, 「건강을 살리는 숯」, 문예마당, 2007, 14-214쪽.

제 **8** 장

양택의 6차 산업화

양택에서 6차 산업화란 1차는 좋은 땅을 선택하고, 2차는 좋은 방법으로 집을 짓고 3차는 이것을 매도하여 돈을 벌어들이거나 본인이 살아가는 것으로 부동산 풍수가 개입되어야 한다는 의미이다. 양택을 활용하여 부를 축적코자 하는 경우에는 부동산업이 접목된 소위 양택의 6차 산업을 이루어 부를 축적하면 이에 따른 건강과 행복은 항상 찾아오게 된다.

1. 부동산 풍수의 6차 산업

6차 산업이란 1차 산업인 농림수산업, 2차 산업인 제조·가공, 3차 산업인 유통·서비스업을 융·복합하여 부가가치를 극대화하기 위한 종합산업을 이르는 말이다. 6차는 1차, 2차, 3차 산업을 곱해도 6차, 더해도 6차가 되어 6차 산업이라고 일컫는다.

양택의 6차 산업화란 '6=1+2+3', '1×2×3=6'이라는 공식과 같이 더하든 곱하든 6이 나오는데, 여기다가 양택인 부동산을 접목시켜 보자는 취지이다. 즉 1차는 좋은 땅을 선택하고, 2차는 좋은 방법으로 오염되지 않는 집을 짓고, 3차는 이것을 매도하여 돈을 벌어들이는 부동산 풍수가 되어야 한다는 의미이다.

위치가 유사한 곳의 부동산에 대한 값어치는 대동소이(大同小異)하지만 풍수지리적인 논리가 더해지면 그에 대한 값어치는 엄청난 규모의 차이가 나게 된다. 양택을 활용하여 부를 축적코자 하는 경우에는 부동산업이 접목된 소위 양택의 6차 산업을 해야만 건행이 가능하다. 건강과 행복이 전제되면 돈은 저절로 따라오게 마련이다.

2. 양택의 1차 산업

좋은 땅은 어디인가를 알기 전에 우선 좋지 못한 곳을 이해해야 된다. 이러한 땅은 많다. 경매 대상지, 측산이 되는 곳, 골짜기의 땅, 기운이 쇠한 곳, 식육점을 한 곳, 병원 특히 산부인과 터, 대장간, 물이 많은 곳, 사건·사고가 난 곳 등은 피해야 해가 없다. 이곳은 이미 땅의 지기가 쇠했거나 기가 산만해져 길한 기운은 거의 없다. 즉, 흉한 땅이 되어 사용 불가하다. 물론 개량해서 쓸 수는 있지만 경제적인 손실과 길한 이미지가 살아나지 않아 좋지 않다. 이에 비해 좋은 땅은 반대적인 개념이 될 것이다.

1) 좋은 땅

좋은 땅은 5악의 혈증이 있는 곳이다. 이러한 땅은 손쉽게 나타나지 않지만 노력 여하에 따라 얼마든지 찾아낼 수 있다. 풍수지리학 박사가 좋은 땅을 만드는 것이 아니라 길지를 찾아내는 것이다. 능력 여하에 따라, 보는 방법에 따라 선택의 폭은 다를 것이며 차이가 많이 날 것이다.

혹자는 풍수지리학 박사가 땅을 만들면 되는 것으로 이해하는데, 이는 잘못된 생각이다. 땅은 만드는 것이 아니라 자연이 만든 곳을 술사가 찾아내는 것이다. 좋은 곳은 맥선상에 있는 곳, 맑은 물이 있는 곳, 공기가 좋은 곳, 조용한 곳, 부드러운 물소리가 나는 곳, 편안한 곳 등 핌피적인 곳은 비교적 살아가기가 편하고 좋은 땅으로 이해하면 될 것이다.

2) 좋지 못한 땅

좋은 땅에 비해 경매에 나온 집이나 아파트는 좋지 않다. 골짜기 땅이나, 택지의 뒤가 낮거나 함몰되어 있는 곳은 좋지 않다. 사건·사고지, 주변에 철탑이나 첨탑이 있는 곳, 물이 많은 곳, 병의원, 대장간, 영안실, 시장 주변 등 님비적인 곳은 좋지 못하다. 이런 땅은 개량하기도 어렵거니와 개선을 한들 원천적으로 되돌아오지 않는다. 땅을 활용할 때 맨 처음 시작이 그만큼 중요하므로 잘 판단해서 사기가 생기지 않는 땅을 선택해야 할 것이다.

3) 땅의 길흉 비교

맹모가 맹자에게 맹모삼천지교(孟母三遷之敎)라 하여 자식 교육에 뜻을 두고 교육에 적정한 곳을 필요로 하여 2번이나 자리를 옮겼으나 좋지 못하다고 한 공동묘지나 시장은 교육상 적절치 못했다. 공동묘지에서의 배움은 장사(葬事) 소리요, 시장 골목에서의 소리도 장사(場事) 소리이다. 이러한 이유로 올바른 자식 교육의 장소인 서당 가까운 곳에 옮겨 맹자가 글을 읽도록 하는 애성을 보였다.

이처럼 맹모삼천지교는 주변의 환경이 얼마나 중요한가를 보여 주는 좋은 사례이다. 자식 교육을 위해서는 자신의 모력을 다하는 애절함이 돋보인다. 이러한 예를 이해한다면 보다 좋은 조건의 땅은 쉽게 선택될 것으로 본다.

[표 9] 땅의 길흉 비교

구 분	좋은 땅	좋지 아니한 땅	비교
5 악	좋다		
대명사	핌피	님비	
孟母三遷之敎	三遷(서당)	一遷(묘지) 二遷(장터)	
투자, 투기		고려	
산(지리산, 북한산)이 명당	양택은 고려		음택지
4 신사	고려	면배 상이	해석 오해
경매 대상지		나쁘다	
(못)물이 많이 있는 곳		좋지 않다	
습기가 많은 곳		나쁘다	
능선상 멈춘 곳	좋다		
배 산	좋다		
임 수	좋다		
골짜기 땅		나쁘다	
산이 높은 곳		나쁘다	
측 산		나쁘다	
물 가		나쁘다	
계곡부		나쁘다	
사건 사고지		나쁘다	
대장간		나쁘다	
병의원		나쁘다	
산부인과 의원		나쁘다	
첨탑 주변		나쁘다	
물이 충한 곳		나쁘다	
교도소 주변		나쁘다	
학교 주변	좋다		

어린이 놀이터 주변	좋다		
주차장 주변	좋다		매연 고려
격투기장 주변		나쁘다	
일반 경기장	좋다		
유원지 주변		나쁘다	
음주 가무 주변		나쁘다	
여관 모텔		나쁘다	
학교 주변	좋다		
경찰서 검찰청 주변		나쁘다	
행정관서 주변	좋다		
묘지 주변		나쁘다	
야 산	좋다		
악 산		나쁘다	
바다 호수 물이 많은 곳		나쁘다	
메마른 곳		나쁘다	
양명한 곳	좋다		
경치 좋은 곳		나쁘다	
물이 졸졸 흐르는 곳	좋다		
물이 콸콸 흐르는 곳		나쁘다	
한강 낙동강 금강 주변		나쁘다	
시내 작은 계곡	좋다		
첨 탑		나쁘다	
예각이 많은 곳		나쁘다	
비행장 주변		나쁘다	
철탑 주변		나쁘다	
송신소 주변		나쁘다	
레이다 기지		나쁘다	
고압선 주변		나쁘다	
예각 주변		나쁘다	
문화재 주변		나쁘다	
명 산		나쁘다	
(누적)철거지		나쁘다	
처녀지	좋다		

3. 양택의 2차 산업

2차 산업은 집을 짓는 방법이다. 좋은 땅이 갖추어지면 건축을 통하여 아름답게 꾸미는 미덕이 있어야 한다. 그렇게 하려면 기본에 맞는 건축이 되어야 길하게 된다. 집을 만드는 방법은 다양하다. 쇠로, 나무로 혹은 플라스틱 등으로, 또는 흙으로, 주 재료를 선택해서 집을 짓는 방법의 종류는 너무나 많다. 그러나 사람에게 이로운 것을 선택하는 여지가 있어야 우리 몸에 이로움을 준다. 우리에게 건강을 주는 것은 나무집과 황토 흙집 정도뿐이다.

그리 크지 않은 규모의 집이 관리상으로나 건강상으로도 좋다. 건물이 크면 관리상이나 재정상 손실이 따른다. 관리상이나 편리성에서도 문제가 따를 수 있기 때문에 적당한 면적의 집이 좋다. 적당한 집의 평수는 1인 기준으로 10평 미만이 좋다. 다수인이라면 5평을 기준으로 하는 것이 현명하다.[25] 6평의 한옥은 허가 절차 없이 신고로 가능하기 때문에 권장할 만한 평수이다. 1차로 좋은 땅이 선택되었다면 2차로 호조건의 집을 건축하고, 3차는 좋은 방법으로 관리 차원에서 살거나 남에게 합당한 조건으로 팔아 수익을 극대화하는 것이다.

또한 집을 지을 때에는 원·방·각을 적극 활용해야 한다. 집은 기본적으로 원(圓)의 개념이 들어가게 설계를 하여 '둥글다'라는 생각이 들도록 건축하는 것이 좋다. 인간은 태어날 때 엄마의 배 속에서 출생된다. 이때의 엄마 배는 둥글다. 인간이 나면서의 고향이 둥근 세상인 것이다.

---

25 필자의 생각으론 3평이 적당하다. 잠만 자는 공간으로 더 이상의 이상은 없다.

살아가면서도 가장 좋은 보금자리는 태어날 때와 같은 둥근 곳이다. 사람이 죽으면 어떤가. 똑같은 원형이 유택이다. 이처럼 인간의 태생이 둥글기 때문에 가능하다면 그렇게 따라가는 것이 자연이다.

그렇다면 집은 원·방·각 중에서 원이 우선시될 것이다. 이때 둥근 집은 크게 짓는 것이 아니라 조그마하게 지어 잠자는 시간만큼은 둥근 원형의 집에서 잘 수 있게 해야 한다. 대부분의 지형지물은 각보다는 방이, 방보다는 원이 많다. 이는 원을 선호하기 때문이며, 사각의 시계보다 둥근 원형의 시계가 많은 이유이다.

그러나 만일 원이 건축에 맞지 않아 잘되지 않을 때에는 차선책으로 방(方)의 방법이 되어야 한다. 땅을 활용하기 위한 방법이나 기타 여러 가지 사정으로 원을 이용하기에 어려움이 있다면 방을 선택해야 될 것이다. 그런데 이러한 방은 낮 시간대에 활용하는 것은 좋지만 밤 시간대에 잠을 자는 경우에는 원으로 된 둥근 형태 속에서 잠을 자는 지혜가 필요하다. 그러나 책상이나 명함 등은 사각이다.

그다음 고려되는 것이 각(角)이다. 사람이 살다 보면 가정 형편이 좋지 못해 각의 조건이 되는 경우도 있다. 이때 일반적으로 생활하는 공간은 있을 수 있지만, 잠을 자는 시간에는 가능한 둥근 곳의 공간에서 잠을 자는 지혜가 필요할 것이다. 원·방·각의 조건에서 가장 좋은 곳이 원이요 다음이 방이며, 그다음이 각으로 앞에서도 언급을 하였지만 강조하는 의미에서 재차 설명하며, 각이 있는 곳에서의 생활은 가능하면 피하는 것이 현명하다.

[표 10] 2차 산업의 방법

구조 분석	흙집	돌집	철재	플라스틱	패널	목재	한옥 (나무+흙)
선호도(일반)	상	중	하	하	하	상	특상
이질감	좋다	차갑다	차갑다	해롭다	해롭다	좋다	우수
친밀도	좋다	중	하	하	하	좋다	우수
비용	중	중	중	중	중	고	고
재료 활용	주변	주변	공장	공장	공장	주변	중
원료 상태	자연	자연	제련	화학	화학	자연	자연
주 용도	주택	주택	공장	사무실	창고	주택	별장
면적	소규모	소규모	대규모	대규모	중	소규모	소규모
건강	좋다	중	하	하	하	상	특상
노년층	선호	선호	하	하	하	선호	선호
청소년 마음	번거롭다	번거롭다	선호	선호	간편	번거롭다	번거롭다
건축 시간	중	중	단기	단기	단기	장기	장기
노력 정도	중	중	하	하	하	상	상
숙련도	중	중	하	하	하	중	고
5행상	土	金	金	金	金	木	木土
1차와 관계	적당	중	부적	부적	부적	적당	최적
기간	중	중	짧다	짧다	짧다	중	길다
인허가	간편	간편	복잡	복잡	복잡	간편	복잡
재정/면적	중	중	하	하	하	중	상
조경(볼품)	고급	중급	하급	하급	하급	고급	최고급
조경 결합도	上	中	下	下	下	上	最上
8/24(잠)	吉	吉	凶	凶	凶	吉	元吉
人	上	中	下	下	下	上	最上
선택 순서	3	4	5	5	5	2	1
6차 산업	3	4	无	无	无	2	1
투자	好	中	不好	不好	不好	好	好

4. 양택의 3차 산업

양택의 3차 산업은 1차 산업의 좋은 땅 구입과 2차 산업의 좋은 방법으로 지은 주택을 의도한 목적대로 활용하는 단계이다. 집을 선택할 때 좋지 못한 건물보다는 좋은 건물이 길하게 마련이다. 이 부분을 보다 더 훌륭하게 설명할 수 있다면 제값 이상의 건물은 정해지므로 쉽게 매각할 수 있다.

즉 양택의 6차는 1차, 2차, 3차 산업을 더하고 곱하여 융·복합화하여 땅에 대한 부가가치를 극대화시키는 것이다. 길한 자리에 길한 건물로 건축하면 많은 돈이 따라와서 그에 대한 보답을 틀림없이 할 것이며, 그것은 곧 풍수적인 발복의 의미가 될 것이다. 이를 위해서는 후손이 머리가 좋아 공부를 잘하고자 한다면 어떤 자리의 혈 자리가, 부자가 된다면 어떤 혈 자리가 적합한지를 판단하고 선택하는 지혜가 필요할 것이다.

제 **9** 장

양택과 건강

아무리 좋은 땅에 입지하더라도 거기에 거주한 사람의 건강이 나빠지게 되면 양택은 무용지물이 된다. 양택은 풍수적 입지 조건을 갖추어야 하며, 양택의 주변에 식재하는 식물을 섭취함으로써 질병 예방에 도움이 되도록 해야 한다. 그리고 양택에 거주하는 사람이 건강한 삶을 누릴 수 있도록 의식주는 해결되어야 건행(건강과 행복)이 된다.

1. 암과 예방 식품

가장 높은 사망률을 나타내는 것은 암으로 아직까지 정복하지 못한 불치병이다. 그런데 암을 예방하는 식품 가운데 조경 식물로 적극 활용할 수 있는 것이 있다. 우리나라 9대 암[26]과 예방 식품은 다음과 같이 설명할 수 있다.

첫째는 유방암이다. 유방암의 경우 목숨은 물론 여성성까지 위협하는 암이다. 예방 식품으로는 청백 푸드인 브로콜리, 쑥갓, 아스파라거스, 머위, 깻잎, 양배추, 마늘 등이다.

둘째는 자궁암이다. 자궁암은 2분에 1명씩 사망한다는 질병이다. 예

---

26 나는 몸신이다(정은아 MC), 『9대암 극복 프로젝트』, 동아일보사, 2019, 18-207쪽.

방 식품으로는 아로니아, 블루베리, 당근, 파프리카, 병아리 콩, 강황 등이 있다.

셋째는 위암이다. 이 암은 한국인에게 가장 취약한 공포의 대상이다. 예방 식품으로는 쑥, 검은깨, 현미 찹쌀, 무청 등이 효과적이다.

넷째는 폐암이다. 폐암은 암 중에서도 7년째 사망률 1위를 보이고 있는 악명 높은 질환이다. 예방 식품으로는 은행, 잣, 밤, 무, 당근, 곶감, 귤, 건포도, 배, 대두, 도토리 등이 있다.

다섯째는 간암이다. 이 암은 간의 70%가 망가져도 증상이 없는 무서운 질병으로 진단이 나면 가장 짧은 시간에 사망한다. 예방 식품으로는 견과류, 들깨, 낫토 등이 있다.

여섯째는 갑상선암이다. 이 병은 만만히 보았다가는 큰일 나기 쉽다. 증상도 원인도 미스터리이고 예방 고기를 많이 먹어 생긴 암이다. 식품도 없다.

일곱째는 대장암이다. 대장암은 고기를 많이 먹어서 생긴 암이다. 서구에서 한국으로 건너온 식이성 질병이다. 예방 식품으로는 사과, 토마토, 파프리카, 바나나, 녹색야채, 가지, 포도, 양파, 마, 고구마 등이 있다.

여덟째는 전립선암이다. 전립선암은 황제의 암에서 평민의 암으로 전환된 것으로, 예방이 가능한 암이다. 예방 식품으로는 언두부, 청국장 등이 있다.

마지막은 췌장암이다. 췌장암은 진단과 거의 동시에 곧바로 사망에 이르는 인류 최악의 암이다. 예방 식품으로는 마, 파프리카 등이 있다.

이들 식품의 최대 공약수는 식품의 5행이다. 5색으로 구분해서 생각하면 이해가 될 것이다. 이들은 파란색, 빨간색, 백색, 황색, 흑색의 채소들이 아닌가? 예방 차원에서 조금만 생각하여 채소를 먹으면 암의 두려움은 가실 것이며, 불가능한 것은 절대 아니다. 또한 5대 암을 예방하는 식품들이 있다. 겨우살이, 하고초, 구지뽕, 느릅나무, 와송 등이다. 겨우살이와 하고초는 재배가 어려우나 나머지 3개 수종은 재배가 된다. 이를 조경 수종으로 계발시켜 심으면 보는 즐거움도 있지만 키우는 재미도 있어 2가지 목적을 동시에 달성할 수 있다.

2. 양택과 건강 관리

건강은 아무리 강조해도 지나치지 않는다. 좋지 아니한 곳에, 좋지 아니한 건축을 하는 경우에는 위에서 언급한 9대 암을 유발할 확률이 높으므로 길한 자리의 선택과 올바른 건축을 하여야 암을 예방하는 효과가 높다. 아무리 좋은 식품이라 해도 오염되거나 PLS(농약잔류검사) 규정을 지키지 못한 식품을 먹으면 건강이 해롭다. 밀가루는 사람이 먹는 식품이지만 벌레가 먹지 않는다.[27] 방부제 등이 얼마나 많이 들어 있으면 벌레가 먹지 않는지를 우리는 이해해야 된다. 이를 위해 농약의 사용은 줄여야 된다. 이를 위한 좋은 방법이 있다. 바닷물과 민물을 1:1[28]로 섞으

27　우리 재래종 밀가루에는 벌레가 생긴다. 그러나 지금의 밀가루는 오래 두어도 벌레가 생기지 않는다. 왜 그럴까? 벌레가 먹지 않는 밀가루를 사람은 먹는다, 먹어야 한다. 이처럼 방부제 농약 등 약품 처리 한 밀가루를 사람이 먹으면 어떻게 될까? 이것이 답이다.

28　MBN, 〈나는 자연인이다〉에서 어느 바닷가 자연인이 이 비율을 적용하여 농약 대신에 사용하고 있었다.

면 미네랄 등이 풍부해 농약 대용으로 사용해도 치료가 된다.[29]

또한 심장과 소장에는 암이 잘 걸리지 않는다. 이유는 무엇인가? 우리가 심소에 대한 지혜를 찾으면 암을 다스릴 수 있을 것이다. 이는 면역이다. 체온이 떨어지면 암이 가장 선호하는 온도가 된다. 그렇게 되면 암이 발생될 가능성을 열어 주는 것이다. 암이 가장 좋아하는 온도는 35°이다. 사람의 체온이 떨어지면 문제가 따르듯이 암은 죽어라 하고 이 온도를 좋아한다. 따라서 면역을 높이고자 체온을 다스릴 필요가 있는 것이다. 그런데 심장은 어떤가? 심장 속의 피는 얼마나 따뜻한지를 이해하자. 답이 될 것이다. 단순하지만 아주 충분한 내용이 아닐까? 이에 대한 대답은 또 있다. 바로 화목을 넣는 아궁이의 설치가 아주 적절한 대답이 될 것이다. 아궁이가 있는 구들을 만들어야 한다. 구들은 벌레와 쥐, 두더지, 뱀(페스트 등의 질병) 등의 침범을 방지하기 때문에 충렴이나 수렴 등의 전염병의 침입을 방지할 수가 있다.

다음으로는 5행으로 질병을 다스릴 수 있다. 앞에서도 언급되었지만 왜 심장에는 암이 존재하지 않을까? 암이 있다고 해도 아주 극소수이다. 이를 5행으로 풀어보면 심장은 화이다. 화병은 심장을 암시했다. 화를 내면 열은 올라가고 체온도 따라 오른다. 체온이 올라가면 암은 멀리 도망간다. 이것이 답이다. 필자는 의료상식이 많은 의사가 아니다. 그러나 아주 단순한 것 같지만 5행은 이미 존재했다. 이것이 억지는 아닐 것이다. 다른 장기는 왜 암이 있는가를 이해하면 될 것이다. 그 답은 구들을 만들어 불을 때어 보면 그에 따른 영향을 알 수 있다.

---

29 정주영, 「시련은 있어도 실패는 없다」, 제삼기획, 1991, 214쪽. 정주영 현대그룹 전 회장은 서해안 간척사업을 하고 나서 그곳 시험답 2만 평에 쌀농사를 지어 병해충의 발생이 줄었음을 증명했다.

보일러는 관(호스)을 통하여 물이 지나가기 때문에 수맥의 피해를 입을 가능성이 열려 있으며, 전기장판 등 전기류는 전기가 흘러가 양이온 발생의 온상 덩어리이다. 그럼 연탄은 어떤가. 일산화탄소를 붕붕거리면서 발생하는 것으로 우리에게 엄청난 위험을 준다. 벽난로는 두한족열(頭寒足熱)의 반대 개념이다. 머리는 뜨겁고 발은 차갑다. 이는 두열족한(頭熱足寒)이다.

이에 반해 구들은 질병의 치료뿐만 아니라 경제적인 여건도, 운동의 역량도 해결된다. 장작을 패면 운동은 물론 돈도 절약되어 이중으로 번다. 이처럼 구들만 한 보온 방법이 없으며, 구들이야말로 해결책이다. 기회가 된다면 건강도 지키고 경제도 돌보는 구들을 크지 않게 놓아 찜질하는 공간이 되도록 하면 건강에도 좋을 것이다.

	北 1/6, 수, 흑, 신장(암)	
西 4/9, 금, 백, 폐(암)	中 5/10, 토, 황, 위(암)	東 3/8, 목, 청, 간(암)
	南 2/7, 화, 적, 심장(無)	

[표 11] 심장의 이해

3. 양택 거주자의 의식주

의식주에 대해 재미있는 말이 있다. 여윳돈이 생긴다면 충청도는 의(衣)를, 전라도는 식(食)을, 경상도는 주(住)를 가장 먼저 섬긴다고 한다.[30] 이는 그만큼 중요함을 간접적으로 다룬 일화가 아닐까 한다. 이처럼 의식주는 지역적으로나 개인적으로나 편의적으로 명성을 달래며 살아왔다는 것이다. 그에 대한 영향은 풍수적으로도 해석이 될 것이다.

1) 의(衣)

의는 옷이다. 여기서 말하는 옷은 거창하게 말하는 옷이 아니라, 그저 평범한 옷이다. 편하면서도 땀을 쉽게 흡수하는 옷이 부담감도 들지 않아 탁월하다. 값비싼, 보기가 아름다운, 날씬한 것은 더더욱 아니다. 衣의 본 의미는 화려한 옷을 뜻하는 것은 아니다. 특히 아름답게 만들어진 컬러 옷은 더더욱 아니다. 백의민족처럼 백색의 평범한 색깔의 옷이면 몸이 아름다워진다.

쉽게 땀을 흡수하고 우리 몸에 좋은 옷이 그만이다. 그러한 옷이 우리 건강에도 가장 좋다. 시험 치는 날에 처음 사서 입는 옷은 좋지 않다는 말이 그 말이다. 이는 무엇을 의미하는가. 사람이 옷에 시달림을 받아 거추장스러움은 그에 따른 부담감이나 피로도가 쌓임을 말한다. 이런 옷은 버려야 한다. 그러하지 않으면 몸도 마음도 지쳐 건강이 도망간다. 건강이 가면 행복이 온다는 것은 거짓말이다. 따라서 우리 몸에는 신토불이의 무

---

30 인산가, 『인산의학』, 조선뉴스프레스, 2020, p.70, 조용헌의 세상만사.

명옷이나 안동포와 같은 옷이 최선이 되는 의이며 건강에도 가장 좋다.

2) 식(食)

식사를 할 때는 맛있게 먹어야 한다. 먹기가 싫으면 먹는 자체가 힘들고 먹기를 좋아하지 않게 된다. 그렇다고 너무 많이 먹으면 암이 좋아한다. 암의 발생 원인은 35%가 먹는 것에서 나타난다.[31] 가장 좋은 음식으로 평가받는 대표적인 것이 발효 음식[32]인 김치이다.

김치는 겨울철 땅속에 단지를 묻어 보관하여 거의 오래도록 먹는데도 물리지 않으며, 이때 보관하는 최적의 보관 방법이 '정온성'이다. 정온성은 사람의 입맛에 가장 민감하게 미각을 돋우는 온도이다. 이를 연구한 것이 '초정온성'이다. 초정온성은 +0.3°에서 0°를 거쳐 −0.3°를 의미한다. 초정온성은 우리 인간에게 가장 맛이 있는 온도이다.[33] 이에 대한 보관 방법이 문제인데, 이때는 냉장고를 활용해야 한다.

그에 대한 대상은 배추김치, 동치미, 갓김치, 감자, 바나나, 쌀, 현미, 고추장, 된장, 간장, 소고기, 고등어, 젓갈, 와인, 맥주 등으로 상당히 많다. 이를 활용하여 우리가 가장 건강에 좋은 식품을 이용하여 행복하게 살았으면 한다. 이외에도 건강에 좋은 채소에는 양배추, 양상추, 양파, 완두, 죽순, 우엉, 호박, 가지, 옥수수, 토마토, 피망, 등 43종이 있다.[34]

---

31 임성은, 『연치유 내 몸을 살린다』, 모아북스, 2012, 23쪽.
32 음식 발효는 한국의 대표주자인 김치와 장류이다. 특히 청국장은 발효를 시킨 후에 먹는 음식으로 사람에게 영양학적으로나 건강으로는 최고로 알려진 음식물이다.
33 동아일보 제30560호, 「동아일보사」, 2019.11.22. 금요일, E4면.
34 이나카키 히데히로 손민진 옮김, 『보약보다 좋은 채소』, 휴먼테라피, 2010, 11-275쪽.

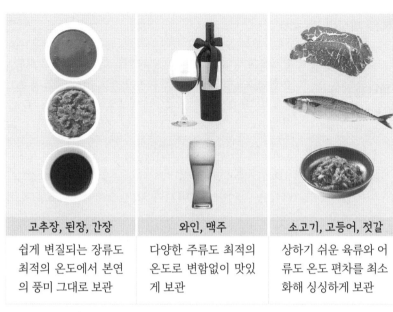

고추장, 된장, 간장	와인, 맥주	소고기, 고등어, 젓갈
쉽게 변질되는 장류도 최적의 온도에서 본연의 풍미 그대로 보관	다양한 주류도 최적의 온도로 변함없이 맛있게 보관	상하기 쉬운 육류와 어류도 온도 편차를 최소화해 싱싱하게 보관

배추김치, 동치미, 갓김치	감자, 아보카도, 바나나	쌀, 퀴노아, 현미
일반 김치부터 저염 김치, 별미 김치까지 종류별 맞춤 온도로 야삭하게 보관	영양소가 쉽게 파괴되는 뿌리채소와 열대과일도 신선하게 보관	보관이 까다로워 벌레가 생기기 쉬운 곡류도 깔끔하게 보관

[그림 7] 초정온의 보관 방법과 다류

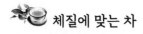 체질에 맞는 차

황기차 땀이 많은 사람, 비만인 사람	황기는 땀의 양을 조절하고 이뇨 작용을 도우며 또한 피부를 튼튼하게 하고, 농을 배출하며 붓기를 가라앉히는 효능, 만성피로를 풀어 주며 불면증과 허약체질의 개선에도 효과적이다.
녹차 혈압이 낮은 사람	녹차는 호흡기와 만성적인 심장질환에 효과적이며, 특히 스트레스를 많이 받는 사람, 당뇨환자, 술독이 생겼을 때 혈압이 낮은 사람에게 좋으며 다이어트 및 노화 방지에도 좋다.
율무차 변비, 물만 먹어도 살이 찌는 사람	율무는 무릎이나 관절의 부종에 좋고 특히 변비나 불면증인 사람에게 좋으며 칼슘, 철, 단백질, 탄수화물 등이 고루 들어 있어 피부 미용과 사마귀 제거, 기미와 주근깨 제거에 좋고 체력을 튼튼하게 하고 머리를 좋게 하는 효능까지 있다.
다시마차 혈압이 높은사람	심한 스트레스로 뒷머리가 뻣뻣한 증상이 있을 때 마시면 효과적이다.
귤차 다이어트와 피로 회복	귤은 비타민C가 풍부하고 구연산과 레몬을 함유하고 있어 피로를 풀어 주며, 신진대사를 활발하게 하여 칼로리 소모를 높여 주기 때문에 다이어트 시 마시는 차로는 딱!
구기자차 추위 예방	구기자에는 비타민C와 혈액을 원활하게 하는 성분과 또 단백질이 비교적 많아 눈을 맑게 하고 피로에 지친 몸을 회복시켜 주며 힘줄과 뼈를 튼튼하게 해 추위를 타지 않게 한다.
칡차 비만, 어깨결림, 고혈압	칡은 기침, 감기, 두통, 고혈압에 효과적이며 신진대사를 활발하게 하며 칼로리 소모도 높일 뿐 아니라 설사, 갈증 완화 그리고 중년 이후의 어깨결림에 좋다.
생강차, 흰 파뿌리 몸살감기	소화 기능이 약하고 몸이 찬 사람이 감기에 걸렸을 때 열은 나지만 오싹하기만 할 때 흰 파뿌리와 생강을 달여 먹으면 땀과 함께 나쁜 기운이 빠져나가 감기가 낫게 된다.

오미자차 기억력 감퇴	다섯 가지 맛을 낸다는 오미자는 과로로 인한 기억력 감퇴, 시력 감퇴, 간염, 천식을 진정시키며 가미기에도 효과가 뛰어나다고 한다.
결명자차 변비와 눈	혈압을 내려 주고, 만성변비, 노안에 개선 효과가 있으며 장시간 책이나 모니터를 보는 수험생에게 좋은 차라고 할 수 있으며 코피를 멈추게 할 때도 쓰인다고 한다.
둥굴레차 남성 정력, 피부 미용	신선초라고 불리는 둥굴레는 구수한 향과 맛이 일품! 피부미용과 간 기능 장애에도 뛰어난 효능이 있다.
인삼차 피로회복	단백질, 당질, 무기질, 비타민B 등에 풍부한 인삼은 속이 냉한 사람에 맞는 약초다. 감기 초기나, 위장병, 당뇨병과 아침에 잘 일어나지 못하는 사람에게 특히 효과적이라고 한다.
계피차 몸이 찬 사람	유난히 손발이 찬 사람과 기운이 약한 사람, 소화 기능이 약한 사람이 마시면 좋은 이유는 몸속에 뭉쳐 있는 냉기를 풀어 주고 아랫배나 손발의 냉증을 풀어 주기 때문이다.
보리차 가슴이 답답할 때	보리차는 우리가 일상적으로 마시는 물 같은 차라서 딱히 무슨 효능이 있을까 싶겠지만 보리는 소화 촉진, 갈증 해소, 가슴이 답답한 증상의 해소에 효과적이다.
유자차 겨울감기	소화불량, 감기 오한, 발열, 해소, 피부미용에 좋다. 그러나 허약하고 설사를 자주 하는 사람에게는 맞지 않기 때문에 주의가 필요하다.
백문동차 기침 감기	폐를 윤기 있게 하고 진액을 생기게 하며 기침을 멎게 하는 대표적인 한방차. 폐가 안 좋아 마른기침을 자주 하는 사람에게 좋다.

3) 주(住)

건강하게 살아가려면 주거 환경이 중요하다. 주거지를 둘러싼 각종 환경을 개선하거나 적절히 이용함으로써 건강한 생활이 유지될 수 있는 것이다. 거주자의 건강을 위하여 검토할 사항은 다음과 같이 제시할 수 있다.

첫째는 풍수 원리에 적합한 땅을 선택하는 것이다. 주거에 가장 필요한 것은 우선 생활공간인 땅을 확보하는 것이다. 건축 기술보다도 중요한 것이 주거의 기본이 되는 땅의 선택이라 할 수 있다. 돈이 아무리 많아도 땅을 짚고 서지 않고서는 살아갈 수 없다. 그렇다고 하여 모래땅이나 물이 있는 곳에 건물을 지으면 얼마 가지 않아 그 건물은 무너지고 만다. 좋은 땅에다 좋은 건물을 지어야 오래가면서도 견고하고 무병장수하는 곳이 된다. 그렇지 못할 경우 주거의 안정은 기대할 수 없다.

둘째는 계절의 변화에 따른 계절적 특징을 이용하는 것이다. 주거는 우리나라의 24절기를 활용하면 많은 도움이 된다. 24절기는 농사뿐만 아니라 우리 삶의 전반적인 곳에서 그 흔적이 나타나고 있다. 예를 들면 소설(小雪)은 가을에 수확을 하여 월동 준비를 끝내는 시간이다. 김장이나 채소류 등은 소설 이전에 마무리 해야만 한다. 수확의 기준이 소설인 것이다. 이처럼 24절기는 우리의 실생활과 같이 돌아가는 계절의 요소가 되는 기준점이다.

셋째는 잠자는 방과 잠만 자는 집에서는 어떠한 인테리어도 하지 않는 것이 상책이라는 점이다. 인테리어 소품이 놓여 있으면 잠을 깨는 분위기가 되거나 꿈자리가 어지러워 얕은 잠이 될 징조가 나타난다. 따라서 잠자는 곳에는 어떠한 소품도 비치하거나 수면에 방해가 되는 장식을 해서는 안 된다. 다만 숯의 경우는 예외다. 숯은 음이온을 발산하므로 양 이온을 중성으로 만들어 깊은 잠을 자도록 하는 역할을 유도하기 때문에 사람의 건강에 이롭다. 따라서 소량은 관계치 않지만 대량은 하지 않는 것이 좋다.[35]

[표 12] 24절기의 내용[36]

계절	절기	특징	음력
봄 (春)	입춘(立春) 우수(雨水)	봄의 문턱 봄비가 내림	정월
	경칩(驚蟄) 춘분(春分)	낮이 길어지기 시작함	이월
	청명(淸明) 곡우(穀雨)	봄 농사의 준비 농삿비가 내림	삼월
여름 (夏)	입하(立夏) 소만(小滿)	여름의 문턱 본격적인 농사의 시작	사월
	망종(芒種) 하지(夏至)	씨뿌리기 낮이 연중 가장 긺	오월
	소서(小暑) 대서(大暑)	여름 더위 한 차례 여름 큰 더위	유월
가을 (秋)	입추(立秋) 처서(處暑)	가을의 문턱 더위가 가샘	칠월
	백로(白露) 추분(秋分)	맑은 이슬이 내림 밤이 기러지기 시작함	팔월
	한로(寒露)	찬 이슬이 내리기 시작함	구월
	상강(霜降)	서리가 내리기 시작함	

---

35 송재만, 『건강을 살리는 숯』, 문예마당, 2007, 14-215쪽.

36 다음, "하늘인연"의 절기표에서 퍼옴.

	입동(立冬)	겨울의 문턱	시월
겨울	소설(小雪)	겨울 강설한 차례	
(冬)	대설(大雪)	겨울 큰 눈이 옴	동지
	동지(冬至)	밤이 연중 가장 긺	
	소한(小寒)	겨울 추위 한 차례	섣달
	대한(大寒)	겨울 큰 추위	

넷째는 전통가옥의 난방설비인 온돌(溫突), 즉 구들을 설치하는 것이다. 추운 날 사람들은 구들장 위에 이불을 깔고 앉아서 놀며 잠을 잘 때에는 불을 베고 드러누워 잔다. 우리 조상들은 아랫목에서 나고, 자라면서 생활하고, 살아가다가 늙으면 아랫목에서 병들어 죽어 구들 위에서 장사를 지냈다. 죽은 뒤에도 대·소상은 말할 것도 없고 제사상을 놓고 차례를 지내는 공간도 방 안 구들장이다. 실로 우리의 아랫목은 우리 민족에게는 특별한 공간이며, 이러한 구들이 없었다면 건강은 멀리 도망가고 그에 따른 행복도 멀어졌을 것이다. 따라서 이러한 주(住)의 해결은 구들에서 찾을 수 있다.

결국 좋은 자리에 좋은 건축에는 구들이 답이라는 결론이 나온다. 구들장이 있는 부엌에서 불을 때면 그 방에서 거주하는 사람은 물론이고 불을 피우는 부녀자들은 부인병이 사라진다. 또한 주부가 부엌에서 불을 지핌으로써 얻어지는 것은 밥과 찬이다. 맛있는 식사가 있고 불을 쬠으로써 따뜻함이 있다. 따뜻함은 암을 예방하며, 불을 지필 때 발생하는 그을음은 집 주변에 있는 거미 등의 곤충을 없애거나 감소시킨다. 목재로 지어진 집의 경우에는 나무가 삭는 것을 방지하여 수명을 길게 연장한다. 이외에도 불로 구들장을 데움으로써 그 위에서 잠을 자면 숙면이

가능해지며 6렴[37]을 이겨 내는 등 구들은 많은 이로움을 선사하고 있다.

구들 설치 시 미장에 필요한 황토에는 한 스푼당 2억 마리의 좋은 미생물과 1,300여 가지 효소가 포함되어 있다. 이런 것들이 우리 인체 내에서 발생되는 독소를 강한 흡수력(체내 독소)으로 중화 내지 희석시킨다.[38] 구들이 있는 방에 충전기와 휴대폰을 들여놓아서는 좋지 않다. 치명적인 암 발생의 원인이 되기 때문이다.[39] 양이온의 문제는 제쳐 두더라도 전자기파에 의한 피해도 크다. 구들의 황토는 원적외선을 방사하며 더 나아가 건습 작용, 온열 작용, 숙성 작용, 공명 작용, 중화 작용, 이온 작용 등 찜질의 효과까지 있다.[40]

또한 혈(穴)은 구멍, 구덩이 등이란 의미로도 뜻이 연결된다. 구멍은 땅속을 의미한다. 만주 지방의 캉(炕), 벽난로, 난로, 보일러 등은 따뜻하게 하는 양택의 설비이지만, 구덩이나 구멍이 없다. 그러나 구들은 그 속에 규모가 큰 불구덩이로 형성된다. 소규모로 하더라도 구멍이 설치된다. 이는 혈과도 비교되며 유사하다. 아니, 구멍이란 전제는 거의 똑같다. 혈은 땅속에 구멍이 있음을 예시한 것이다. 이는 풍수지리상 혈과 가장 근접한 온돌의 장치는 구들이라는 것으로 귀결된다. 이로써 구들은 그만큼 풍수와도 밀접한 관련이 있다는 가설이 성립된다.

세월이 많이 흘렀지만 옛 구들인 아자방(亞字房)의 비밀이 풀렸다. 이

---

37 6렴의 구분은 목렴·모렴·화렴·충렴·수렴·풍렴으로 나눈다. 모렴을 목렴에 포함하여 5렴이라고도 한다. 이러한 염은 죽은 자나 살아 있는 자에게 항상 피해를 준다. 그러나 이를 이기는 것은 구들이다. 구들에 불을 넣으면 이것이 해결된다. 그러므로 구들을 만들어 불을 지피면 만사가 해결되는 것이다.

38 인터넷, https://art3757.tistory.com

39 WHO, 권고안.

40 김준봉·문재남·김정태, 『온돌문화 구들 만들기』, 청홍, 2015, 117쪽.

비밀은 『와혈비결(窩穴秘訣)』의 내용이며 아자방 28도설에서 무운 김명환 선생이 해석했다.[41] 이 책은 풍수에서의 窩穴과 같다. 窩穴은 한자까지도 똑같다. '움집' 와 자에 '구멍' 혈 자로 비슷한 것이 아니라 의미나 그 모양으로 보았을 때 아주 근접해 똑같다. 즉 구들의 아래가 와혈이고, 그 구들이 혈임을 의미하는 것이다. 음택은 穴을 양택은 움집인 窩穴로 정리될 수 있다. 이에 대한 구들과 와혈의 비교는 [표 13]에서 볼 수 있다.

[표 13] 구들과 와혈의 비교

구 분	구 들	혈
종 류	양 택	음 택
깊 이	1m 내외	1m 내외
깊이 적정 여부	와혈 깊이로 적정	적 정
형 태	움 집	와 혈
지 표	지하+지상	지하(시신)
용 도	생 자	매 장
방 법	흙 + 돌	흙
人	생 자	사 자
시 대	고 대	고 대
유 사 점	거의 같다	거의 같다
선호 정도	선 호	매장→화장
혈 상	와 혈	와 혈
시 간	필 요 시	상 시
판단 행위	사 람	지 표 면

---

41 관요 문재남, 『전통구들 쉽게 놓는 방법』, 청홍, 2014, 27쪽. 여기에서 『와혈비결』의 내용을 설파했다.

국 가	한 국	중 국
결 론	好	好

참고로, 혈이 좋다는 것에 대하여는 이론의 여지가 없다. 그런데 앞에서도 언급하였듯이 구들을 와혈이라 했다. 혈4상의 종류에서 와혈은 으뜸이다. 구들이 음택의 와혈처럼 증명된 것이다. 따라서 양택에서의 혈은 구들이다. 구들을 놓아야만 좋은 집이 된다. 이에 비해 중국의 캉은 아궁이가 집 안에 있으며, 벽난로는 집 안에서 불을 때는 방법으로 상호 차이가 있다.[42]

[그림 8] 구들[43]

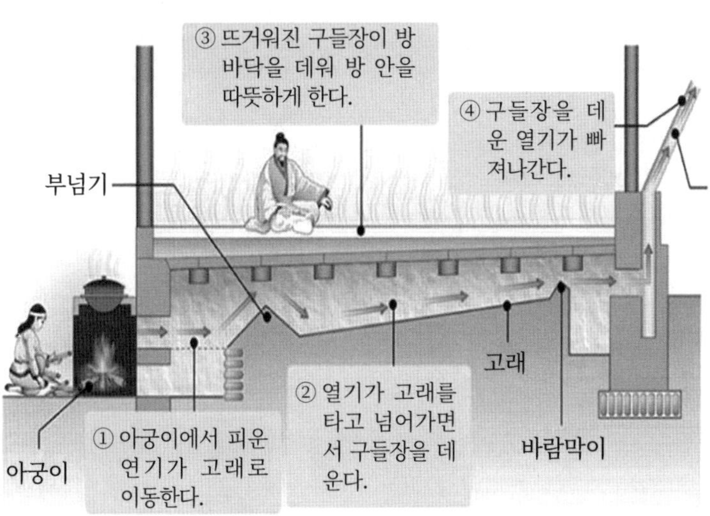

③ 뜨거워진 구들장이 방 바닥을 데워 방 안을 따뜻하게 한다.

④ 구들장을 데운 열기가 빠져나간다.

부넘기

굴뚝

② 열기가 고래를 타고 넘어가면서 구들장을 데운다.

고래

① 아궁이에서 피운 연기가 고래로 이동한다.

아궁이

바람막이

---

42 유종, 『내 손으로 구들 놓기』, 한문화사, 2016, 49쪽. 김남응, 『구들이야기 온돌이야기』, 단국대학교출판부, 2011, 501~507쪽.
43 다음, 구들과 온돌. 장수왕 옥돌침대 대구지점.

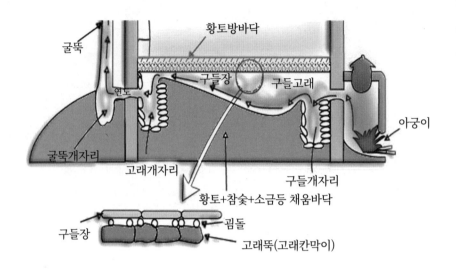

굴뚝 / 황토방바닥 / 연도 / 구들장 / 구들고래 / 아궁이 / 굴뚝개자리 / 고래개자리 / 구들개자리 / 황토+참숯+소금등 채움바닥 / 구들장 / 굄돌 / 고래뚝(고래칸막이)

[표 14] 구들과 다른 난방과의 차이

구 분	구 들	캉	벽난로	난 로	보일러
실	외	내	내	내	내
불	구들장	침상	공기	통	물(수맥)
방 법	두한족열	두열족한	두열족한	두열족한	두한족열
효 과	호	불	불	불	불
발생 열	하	중	상	중	하
아궁이	외	내	내	외	외
자 연	근	원	원	근	근
우 열	우	열	열	열	열

제
10
장

결
론

좋은 자리에 좋게 집을 만들어 바른 형태의 의·식·주 문화가 정착되면 건강하면서도 행복한 생활을 누릴 수 있다. 첫째, 사람에게 이로운 자리를 선택해야 한다. 둘째, 이로운 재료를 이용하여 집을 지어야 한다. 셋째, 선택되고 만들어진 양택을 적절한 방법으로 활용해야 한다. 넷째, 자연의 이치를 알고 자연스럽게 생활해야 한다. 다섯째, 의식주를 헤아려야 한다. 이상과 같은 좋은 자리의 선택과 이해는 모든 문제를 해결할 것이다.

1. 양택의 입지

양택이 산 사람에게 주는 효과는 직접적이다. 길한 곳에서 생활을 하여야 건강한 삶이 유지되는 것이므로 가장 먼저 땅을 잘 택하여야 한다. 풍수를 떠나서라도 환경이 좋은 곳을 선택하여 살면 길하게 된다는 것은 진리이다. 습하거나 물이 많은 곳에서의 생활은 질병과 같은 나쁜 것이 따라오게 마련이다. 그러한 곳은 예를 들어 보면 이해가 쉽다. 쇳물을 달군 대장간이나, 피가 나오는 식육점, 물에 의해 습한 사업장, 사람을 치료해 병균이 있는 병의원, 아기를 다루는 산부인과 의원, 경매로 나왔던 집 등은 좋은 곳이 아니라는 이야기는 삼척동자도 다 안다. 이러한 곳은 삼갈 필요성이 있다.

특히 사건·사고 등으로 인한 피해가 있는 집은 더욱 좋지 않다. 대장간은 쇳물이 바닥에 떨어져 지표면이 상하고, 식육점은 도살의 현장인 만큼 핏물 등의 오염원이 된다. 또 물을 많이 다룬 곳은 지표면이 음침하며, 병의원은 세균이 득실거릴 수 있다. 특히 산부인과는 더욱 그렇다고 해석된다. 경매는 이미 지나쳐 간 장소로 그 사람의 좋지 못한 흔적이 남아 있으며, 사건·사고로 인한 건물은 그 피해나 선입관이 좋지 않다. 길하지 못한 사기(邪氣)가 많이 산재해 있어 연속적으로 그러한 피해가 일어난다는 것이다.

양택은 그곳에서 살아가는 사람에게 직접적으로 영향을 끼치게 된다. 따라서 길한 곳을 찾아 잠을 자면 좋은 영향을 받게 되지만, 그렇지 못한 곳에서의 잠은 자고 나서도 피곤이 남아 있다. 그 피해의 정도에는 차이가 나지만, 불리한 생활이 계속되면 계속될수록 길치 못한 곳에서의 누적된 잠은 분명히 피해로 나타난다. 흉지에서의 잠이 1달, 1년, 10년이 된다면 좋은 곳에서의 누적된 잠과는 점점 더 엄청난 격차가 벌어지게 된다.

2. 양택의 형태와 건축

그다음은 집을 짓는 방법론이다. 건축물을 짓는 방법은 재료에 따라 다양하다. 나무집으로, 흙집으로, 돌집으로, 화학의 원료인 플라스틱 집으로, 철재로 집을 지을 수 있다. 그렇지만 재료에 따라서 사람에게 미치는 영향과 효과는 다를 수밖에 없다. 돌집으로 집을 지으면 냉기가 흐른다. 돌은 차갑기 때문이다. 피부에 차가움을 주면 건강에는 이롭지 못하다. 플라스틱 집은 가볍고 시공 기간이 단축될 수 있으나 화학 물질의 영향으로 사람에게는 좋지 않아 건강을 해친다. 철재인 하이빔 등에 의한 철골 구조로 된 집은 차가움이 강하고 양의 성질이 강해 좋지 못하다.

그렇다면 흙집과 나무집은 어떤가. 주변에 있는 흙과 나무는 우리의 체온에 근접하다. 피해의 정도가 없고 사람에게 해가 없다. 나무와 흙을 재료로 하여 지은 작은 집은 관리하기도 편할 뿐만 아니라 비용도 적게 들어간다. 따라서 집을 짓는 가장 적합한 방법론은 나무와 황토와 주변에서 구하기 쉬운 재료를 이용하여 작은 규모로 집을 짓는 것이다. 이것이야말로 집을 활용하여 건강이 유지되는 비결이다.

따라서 잠자는 방은 길한 입지를 선정한 뒤 흙이나 나무를 재료를 사용하여 숙면이 가능하도록 작게 지으며, 그 외 생활에 필요한 창고 등과 같은 것은 규모를 크게 건축하여 다용도로 활용하면 해결될 것이다.

3. 건강을 위한 생활 습관

한옥이나 흙집에서의 생활은 '들어가다'의 개념보다는 '드러눕다'의 개념이 되어야 한다. 작은 규모로 만들어진 집에는 여러 가지 생활 도구를 설치하는 것이 아니라, 오로지 숙면에 대한 목적을 두고 만들어야 한다. 그곳에 들어가면 곧바로 잠을 자러 들어가면 눕는다는 개념의 숙면이 되어야 한다.

'들어가다'는 집에 들어가서 다시 잡일을 해야 한다는 여운이 있는 말이다. 그러나 '드러눕다'는 차원이 다르다. 그러한 마음으로 집에 들어가면 곧바로 잠은 오게 된다. 그리고 아침에 잠에서 깨어나면 즉시 바깥으로 나가는 '일어나다'의 개념이 되어야 한다. 이는 '일어서다'의 개념과는 차이가 있다. 잠에서 깨어나면 일을 할 수 있도록 꾸물거림 없이 곧바로 일터로 나가는 '일어나다'의 개념이 되어야 한다는 것이다.

따라서 좋은 집에서의 생활 방식은 들어가면 곧바로 잠을 자야 하는 것과 일어나면 곧장 나가는 형태의 생활 습관이다. 다시 말해, 좋은 집에서의 생활은 잠이 그 생활의 목적이라는 것이다. 숙면과 설친 잠 사이에는 차이가 있다. 숙면을 한 사람은 그날의 생활이 활기차지만, 설친 잠을 잔 사람은 온종일 힘들다. 한마디로 잠이 '보약이다'라고 함축할 수 있는 것이다.

4. 양택의 6차 산업

하나의 중요한 것을 들라면 어떤 특정 장소를 선택한 뒤 선택된 장소에 어떤 방법론을 동원하여 집을 지었다면, 그 일련의 과정에 대한 이해와 양택의 가치를 높이는 일이다. 이를 쉽게 설명하는 것이 바로 3차 산업이다.

좋은 장소의 선택을 1차 산업, 좋은 집을 짓는 방법을 2차 산업이라고 한다면 이에 대한 이해와 활용 등은 3차 산업으로 분류할 수 있다. 1차, 2차, 3차 산업을 종합적으로 고려하여 융·복합시키면 6차 산업이 된다.

6차 산업의 개념을 활용할 경우, 양택의 가치가 높아지기 때문에 부가 따르거나 건행(健幸)이 온다.

이렇듯 좋은 곳에다, 좋은 방법으로 지어, 올바르게 활용된다면 돈은 저절로 들어오게 마련이다.

5. 양택과 건행

이상의 내용을 다시 한 번 정리하면 다음과 같다.

첫째, 사람에게 이로운 자리를 선택해야 한다. 사람에게 이로운 곳보다 좋은 자리는 없다. 양택에 거주하면서 건강한 삶을 유지할 수 있도록 좋은 장소를 선택하는 안목이 있어야 한다.

둘째, 이로운 재료를 이용하여 집을 지어야 한다. 건축 재료는 우리 실정에 맞게 주변에서 쉽게 구할 수 있는 것으로 선택하여야 한다. 값비싼 재료가 마냥 좋은 것이 아니라, 집을 짓고자 하는 주변 가까이에서 재료들을 구해야 한다. 비교적 돈이 적게 들면서도 질이 우수하고 알찬 것을 선택하면 된다. 그러한 재료가 들어간 집이 한옥이나 흙집이다. 가까운 곳에서 싸면서도 질이 좋은 재료를 가지고 집을 짓는다면 이질감도 없애고 건강도 유지할 수 있다.

셋째, 선택되고 만들어진 양택을 적절한 방법으로 활용해야 한다. 좋은 조건의 터와 잘 지은 집은 거기에 맞게 적절하게 운용해야 행복한 삶을 기대할 수 있다. 좋은 곳에서는 들어가면 곧장 빠른 시간 내에 누워야 그 집의 용도대로 사용이 되는 것이다. 앞서 설명한 바와 같이 '드러눕다'와 '들어가다'는 다르다. 들어가서 어물쩍대는 것이 아니라 여운 없이 곧바로 휴식 속에 잠을 청하여 숙면을 취하는 것이다.

넷째, 자연의 이치를 알고 자연스럽게 생활해야 한다. 사람은 자연을 그르치게 할 수는 없다. 자연의 순리에 따라 물이 흘러가는 방식대로 가야만 된다. 법(法)이 그런 것이다. 물(水)이 가는(去) 것으로 순수하게 흘러가는 것이 법이다. 물은 흘러가야지, 고여 있으면 썩게 되고, 흐르지 많은 물은 압력을 받아 산사태가 일어날 수도 있다. 이러한 물의 처리는 자연이 맡아서 하고 있다. 좋은 물이란 흘러가서 썩지 않아야 하며, 수압이 없는 자연스러운 물이어야 한다. 산사태나 나거나 물이 고여서 썩는 데에 대한 해결책으로 물을 그냥 흘려보내는 것이 좋다. 물이 흘러가면 썩는 것을 방지하고 수압을 없앨 수 있다. 이것이 바로 자연의 질서다. 사람들은 이러한 자연의 이치를 이해하고 순리에 따라야 건강하고 좋은 일이 생긴다.

다섯째, 의식주를 고정해야 한다. 의(衣)는 몸에 걸치는 의복이다. 나일론이나 휘발성이 강한 원료로 만든 옷보다는 섬유질로 된 옷이 좋다. 목화인 솜을 원료로 한 옷은 땀의 흡수도 좋고 따뜻해 사람에게 이롭다. 식(食)은 먹는 음식이다. 자기가 사는 주변의 식재료가 좋다. 제철 음식이 되어야 한다. 고른 음식의 섭취는 우리 몸을 건강하게 하는 지름길이다. 주(住)는 한옥이나 나무집 혹은 흙집이 좋다. 그래야만 건강한 행복이 될 수 있다.

이렇듯 좋은 자리에 좋게 집을 만들어 바른 형태의 의·식·주 문화가 정착되면 건강하면서도 행복한 생활을 누릴 수 있다. 이것이 바로 좋은 자리의 양택을 선택함으로써 모두가 해결될 수 있는 것이다.

부
록

음택은 이론체계가 확고하게 자리 잡혀 있고

양택은 그에 얹혀 있는 모양이다.

양택은 음택과 같이 혈의 개념으로 잡아내는 것도 아니고

4신사로 찾아내는 것도 아니기 때문이다.

분명하게 말하지만 양택은 장풍으로 판단할 수도 없는 문제이다.

그렇다면 무엇으로 판단해야 되는지에 대한

의문이 제기될 수밖에 없다.

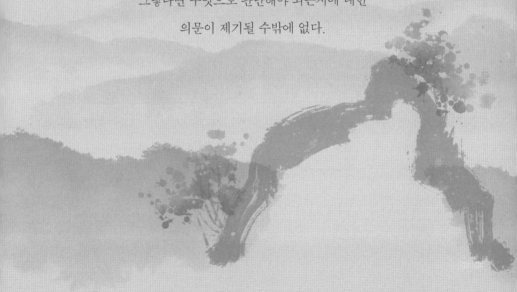

부록1

풍수오판 風水誤判 바로잡기

1. 풍수의 명칭을 '정혈' 혹은 '혈'로 부르자

풍수의 요체는 혈이며 혈은 풍수 이론 구성의 위계상 가장 상위의 개념이다. 풍수에서는 혈을 찾는 것이 목적이자 기본이며, 시원적이며, 기초이다. 왜 풍수라는 용어가 사용되었는지를 살펴보면, 첫째는 어휘대로 바람과 물이기 때문에 풍수라고 했을 것이다. 태풍이나 강풍 등 심하게 부는 바람은 사람에게 해로움을 주고, 많은 비는 범람하여 농사에 피해를 주었기 때문에 풍수가 사람의 뇌리에 깊이 인식되었던 것으로 보인다. 또한 바람과 물은 쉽게 느끼고 눈에 띄기 때문에 자연의 대부분인 것처럼 생각했을 수도 있을 것이다. 그래서 지리에서도 장풍의 '풍'과 득수의 '수'를 더하여 '풍수'라 했으리라 생각된다.

그다음은 풍수 5요소인 용·혈·사·수·향에서 4신사인 전후좌우의 산으로 둘러싸인 땅은 바람이 갈무리되고 바람을 막아 주는 역할의 산으로 보아서 그 바람을 '풍'이라고 한 것으로 이해된다. 그리고 그 땅 안에 존재하는 물을 가지고 음용하거나 농업용수로 이용할 수 있다는 이점이 있기 때문에 '수'라고 해서 '풍수'라는 등식이 성립된 것으로 추정된다.

그러나 현재에 이르러서는 위와 같은 내용을 그대로 적용한다는 것은 모순이 있다고 생각해서 조심스럽게 주장해 본다. 용, 혈, 사, 수, 향을 분석하기 위해 표현을 달리하면 용은 간룡이며, 혈은 정혈, 사는 사신사로 장풍이며, 수는 득수, 향은 좌향으로 대칭된다. 이 5요소 중 풍수는 장풍의 풍과 득수의 수를 추려 내면 풍수라는 용어가 자연스레 파생되어 나타난다. 이로 인해 풍수라는 용어가 자연지리를 대변하는 용어로 완전히 정착되고 그 외 요소인 용, 혈, 향은 부수적인 존재로 전락해 버렸다는 느낌을 떨쳐 버릴 수 없다. 이는 풍수 5요소 중 사와 수만 중요하고 용, 혈, 향은 상대적으로 가볍다는 편향성이 표출된 것으로도 볼 수 있다.

또 다른 하나는 사신사와 물은 가르치는 사람이나 배우는 사람의 상호 간 입장에서는 산천을 기준으로 하는 것이 가장 손쉬운 방법이었을 것으로 생각된다. 자연을 살피는 데 있어서 작은 규모의 혈을 살피는 미시적 심혈법보다는 규모가 큰 사신사 위주의 거시적 관찰이 이해도 빨리 되고 대략적인 설명으로도 쉽게 넘어갈 수 있기 때문이다. 현장 답사에 자주 참여하여 여러 풍수학인들이 사신사 위주로만 설명하면서 이해시키려 하고 있다. 동일한 자연을 가지고 설명이 제각각 다른데 무엇을 어떻게 이해하여야 할지 풍수 앞날에 대한 걱정이 앞서며, 그것을 듣고 고개를 끄덕이는 풍수 입문자들에 대한 지식의 시계가 거꾸로 돌아갈 수도 있다는 생각에 안타까움만 쌓여 간다.

세월이 흘러 풍수도 많은 발전을 이루어 왔다. 평생교육원이나 대학교, 대학원, 각종 연구소 등에서 석사·박사들의 학위 논문이나 연구 논문이 많이 생산되었다. 그러나 대부분은 사신사와 물로 이루어진 논문이다. 집이나 마을 등 양기를 다룬 논문이 대부분이고 음택의 혈에 대한 논문은 거의 전무하다. 이를 백분율로 보면 95% 이상이 양택·양기 논문이나 서책이며, 음택인 혈을 분석한 논문은 희박하다. 혈에 관한 논문이라 하더라도 용, 혈, 사, 수, 향 전체에 대한 내용이 대부분이며 혈 자체만을 다룬 논문은 거의 없다. 그렇다면 풍수의 용, 혈, 사, 수, 향에서 핵심적인 것은 도대체 어떤 요소란 말인가에 대한 의문이 생긴다.

풍수 5요소 중에서 가장 핵심적인 것은 혈이라는 것을 부정하는 사람은 없다. 혈을 다른 어휘로 말하면 정혈이다. 혈을 떠난 풍수는 허구인 것이다. 양기든, 양택이든, 마을풍수든, 규모가 큰 대형·중형·소형의 행정관서 풍수든, 혈을 무시하는 풍수는 올바른 풍수가 아니다. 또한 사신사인 청룡과 백호, 주작과 현무 속에는 무엇이 있는가를 유심히 보면 그 중앙에는 중요한 것이 있으며, 반드시 있어야 되는 것이 바로 혈이다.

그렇다면 풍수란 명칭이 모든 지리적 요소를 대표하고 있는데 궁극적으로는 그 명칭을 변경할 필요성이 있다고 생각된다. 이는 풍수가 아니라 '정혈(正穴, 定穴)'로, 혹은 '혈(穴)', '혈증(證穴)' 또는 '증혈(證穴)'로 바꾸어 부르고, 학문적 분류로는 '정혈학', '혈증학', '증혈학'으로 표현하는 것도 바람직하다. 단기간에는 변경이 어렵겠지만 점차 풍수가 아니라 '정혈', '혈', '혈증', '증혈'의 명칭으로 변경되기를 기대해 본다.

2. 쌍분을 조성하면 '호리지차'의 논리에 위배된다

우리 민묘는 쌍분이 대부분이다. 쌍분을 한다는 의미에는 부부가 죽어서도 살아생전의 가족처럼 유택인 묘지에 같이 있겠다는 평범한 생각이 들어 있는 듯하다. 이는 풍수 이전에 부부란 공동체의 일면이기도 하다. 생전에 부부가 한 지붕 아래에서 살아오면서 미운 정, 고운 정으로 함께해 온 나머지 죽어서도 같은 봉분 속에서 저세상을 함께한다는 의미가 담겨 있다. 이러한 이유로 부부에게는 쌍분이 선호됐다. 이 점에 대해서는 긍정적인 생각이 든다.

그러나 여기에 풍수 혈의 의미를 더한다면 생각은 달라진다. 묘지는 음택으로서 발복의 문제가 걸려 있다고 생각하기 때문에 혈을 중시한 것이다. 사람이 죽어 장사를 지낼 때에는 지관 또는 지사를 모셔 와서 장사에 대한 자문을 구한 다음 장례 절차를 진행했다. 생활이 아무리 궁핍해도 지관 또는 지사는 초청했다. 그 동네의 지관이 없는 경우에는 멀리에서도 초청하여 자문을 구하곤 했다. 이처럼 풍수에 대해서는 우리 선조들의 무궁한 뭔가를 바라는 기대 심리가 있었다.

그러나 쌍분은 풍수의 개념과는 너무나 먼 거리이다. 혈은 호리지차(毫釐之差: 털끝만 한 차이)라 했다. 민가에서 장사 시 쌍분은 좌우 횡렬로 배치하는 것이 대부분이다. 혈은 그렇게 넓게 이루어지지 않는다. 그 크기가 아무리 크다고 해도 3~5평 이내이다. 그렇게 본다면 쌍분은 혈의 좌우 선익을 침범하거나 선익 안의 물길인 1분합 속에 들어가게 된다. 그러면 올바른 정혈이 될 수 없다. 풍수의 호리지차의 개념적인 혈과 부부지간의 여러 가지 감정을 이해는 하지만 같이 다루어선 곤란하다.

따라서 쌍분은 지양되어야 하고 부부를 같이 장사하고자 한다면 합분으로 하여 혈장 내에 모시는 것이 현명한 방법이다. [그림 9]의 (1)은 종선과 횡선이 정렬되어 있는 것이며 (2), (3)의 실선의 경우 시작은 별 차이가 없으나 전방이나 후방으로 나아감에 따라 차이가 점점 멀리 간다. 풍수의 최고 경전인『청오경(靑烏經)』에서도 "차이가 털끝만큼 생겨도 그 어그러짐은 천 리를 간다(毫釐之差 繆以千里)."라고 하여 혈에서 장법의 어긋남이 아주 작더라도 그것의 결과나 영향이 엄청나게 커진다는 것을 경계하고 있다. 따라서 쌍분으로의 장사는 하지 말아야 된다.

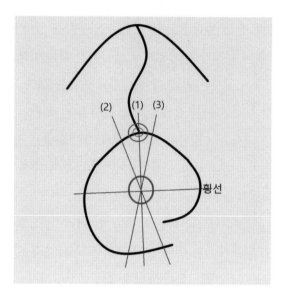

[그림 9] 호리지차

3. 능·원·묘는 양득양파로 조성되어 있다

양득양파는 능·원과 개인 묘역의 묘지에서 흔히 볼 수 있다. 풍수 수법론상에서 상당히 중요하게 다루는 부분 중의 하나가 양파이다. 파가 많으면 많을수록 설기가 커져 피해 정도가 높아진다. 양득은 물을 2개소에서 얻는 것이며, 양파는 물이 2군데로 나가는 것인데 2곳에서 득수를 하더라도 한 곳으로 나가야 와혈의 경우 좋게 분석된다. 그렇다고 다 그런 것은 아니다. 특히 겸혈은 양파가 되어야 길하다. 이에 비해 다른 혈상은 혈의 종류에 따라 파구는 상이하다.

그러나 현재 조성된 묘지는 어떤가? 대체로 봉분의 앞쪽으로 물이 나가게 조성됐다. 이러한 봉분은 다파(多派)가 된다. 다파는 흘러내린 빗물이 여러 곳으로 분산해서 나간다는 의미이다. 여러 길로 나가면 설기가 심하게 된다. 흙은 삼투압의 원리가 있어 물이 있으면 설기가 자연히 따른다. 이런 경우 풍수상 좋게 보지 않는 것이 정설이다. 그런데 현실은 어느 묘지를 막론하고 다파로 조성됐다. 이러한 장사 기법은 아주 잘못된 것이다. 혈의 5악을 제대로 이해한다면 여러 경로로 나가게 하지 않는다. 현재 산역에서 처리하고 있는 물의 처리 방법은 자연을 거슬리게 하는 것으로 바람직한 장법이 아니다.

따라서 혈 4상별 형태에 따라 자연의 지표면을 그대로 살려야 한다. [그림 10]은 묘지의 양득양파 모습이다. 봉분 좌우측에서 시작되는 득수는 2개이며, 이 물이 나가는 파구도 2개다. 대부분의 묘지가 이러한 장법으로 조성되어 있다. 잘못되어도 한창 잘못된 판단이다. 양득양파는 겸혈에서만 유일하게 나타나는 현상이다. 따라서 겸혈인 경우에는 양득양파가 올바른 장법이 되나 다른 혈상에서는 양득양파의 장법을 적용하면 옳지 않으므로 개선이 요구된다.

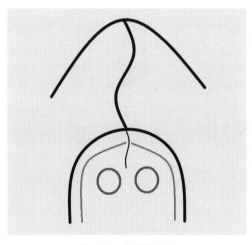

[그림 10] 양득양파

4. 풍수가 상위 개념일까? 용혈사수향이 하위 개념일까?

풍수는 5요소로 용, 혈, 사, 수, 향으로 구분된다. 그럼 용, 혈, 사, 수, 향이 하위 개념일까? 아니다. 상위 개념일 수도, 하위 개념일 수도 있다. 먼저 풍수에서의 '풍'은 어디에서 출발할까? 사신사인 사를 다른 용어로 하면 장풍이다. 장풍에서 '풍'이 나왔다. '수'는 득수에서 나왔다. 풍과 수가 합쳐진 것이 풍수다. 용, 혈, 사, 수, 향에서 풍수는 사와 수이다. 용은 간룡으로, 혈은 정혈로, 향은 좌향으로 어휘가 변경된다. 이는 용, 혈, 사, 수, 향의 내용 속에 풍수가 들어가 있다는 것이다.

그렇다면 풍수 5요소 중에 가장 중요한 핵심은 무엇인가? 그것은 바로 혈이다. 혈은 풍수의 핵심 중의 핵심이다. 우리는 흔히 우스갯소리로 앙

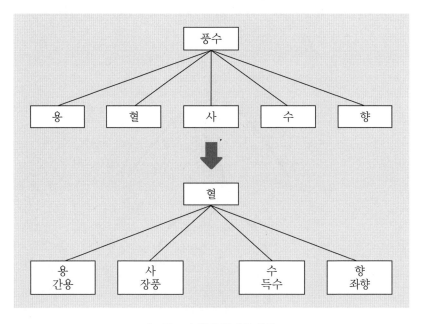

[그림 11] 혈의 위계상 위치

꼬 없는 찐빵이라는 말을 자주 쓴다. 혈이 없다면 앙꼬 없는 찐빵이 되는 것과 같다. 그러므로 풍수를 궁구하는 사람들은 항상 혈의 존재를 잊어서는 안 된다.

따라서 어느 것이 상위 개념일까? 단연 혈이다. 용사수향은 혈을 떠받치고 있는 하위 개념이다. 풍수가 우두머리인 양 생각하는 것과는 다르다. 이러한 내용이 바탕이 되어 풍수라고 부르면 문제가 되기 때문에 '혈' 혹은 '정혈'이라고 명칭을 변경해 보자는 주장과도 같은 맥락인 것이다.

5. 선룡선수가 반대이면 합법인가?

풍수 이론은 선룡과 선수의 방향을 서로 다르게 본다. 좌선룡이면 우선수로, 우선룡이면 좌선수가 합국이라 하여 길하게 분석한다. 이것이 바른 논리인가라고 누가 묻는다면 자신 있게 아니라고 답변할 것이다. 규모가 큰 사신사를 논하는 것이 아니라 혈을 두고 하는 말이다. 혈장의 선룡은 입수에서 시작되어 선익을 거쳐 전순까지 진행한다. 이것이 맥을 통한 선룡이다. 입수의 좌측이나 우측에서 출발되는 순간에 선룡이 구분된다. 좌측에서 출발되는 용은 좌선룡이며, 우측에서 출발되는 용은 우선룡이다.

좌선이든 우선이든 용이 돌면 물은 따라 돌게 되는 것이 자연 법칙이다. 이는 자연의 이치이다. 선룡은 그 부분이 높다. 물은 높은 산의 용을 따라 같이 가게 되는 것이 자연의 흐름이다. 그러므로 혈장 안에서는 우선룡이면 우선수로, 좌선룡이면 좌선수가 된다. 좌선룡에 우선수 또는 우선수에 좌선룡이라는 개념과는 차이가 있다. 이 개념은 사신사에서는 가능할지 모르겠으나 범위가 작은 혈장의 범주 내에서는 선룡선수

161

가 같아야 한다. 따라서 좌선룡이면 좌선수로, 우선룡이면 우선수가 됨이 자연의 순리이다.

6. 혈 4상의 이름은 단수가 아니라 복수이다

풍수 고전에 나와 있는 혈상의 이름은 단수로 되어 있다. 와혈은 깊이에 따라 천와와 심와, 넓이에 따라 활와와 협와로 구분됐다. 이처럼 단수로 이름이 지어졌다. 그런데 깊이에 따라 심천이 있으며, 넓이에 대해서는 어떤가? 좁은 협와에 그 깊이는 어떻게 볼 것인가. 협와 하나만의 혈 이름을 붙일 수 있는가? 대답은 '아니다'이다. 혈상의 폭이 좁은 협와에 깊이에 따른 심와와 천와의 두 가지로 구분해야 옳은 판단이 된다. 그러므로 단수의 혈 이름은 잘못되었다. 복수가 되어야 제대로 된 혈의 명칭이 되는 것이다.

그것은 협와 and 심와, 또는 협와 and 천와가 된다. 정와 and 심와, 정와 and 천와가 된다. 그러면 변와에도 같은 의미가 된다. 변와 and 심와, 변와 and 천와가 되는 이치이다. 이러한 논리로 겸혈도 마찬가지이며, 그 종류는 직겸, 곡겸, 장겸, 단겸으로 구분된다. 장겸 and 직겸, 장겸 and 곡겸, 중겸 and 직겸, 중겸 and 곡겸, 단겸 and 직겸, 단겸 and 곡겸이 된다. 유혈에는 장유, 단유, 대유, 소유가 있다. 이 또한 복수로 장유 and 대유, 장유 and 소유, 중유 and 대유, 중유 and 소유, 단유 and 대유, 단유 and 소유가 된다. 돌혈에는 대돌, 소돌, 평돌, 산돌이 있다. 이들 복수로는 대돌 and 평돌, 대돌 and 산돌, 중돌 and 평돌, 중돌 and 산돌, 소돌 and 평돌, 소돌 and 산돌로 구분되는 것으로 복수의 혈명이 되어야 할 것이다.

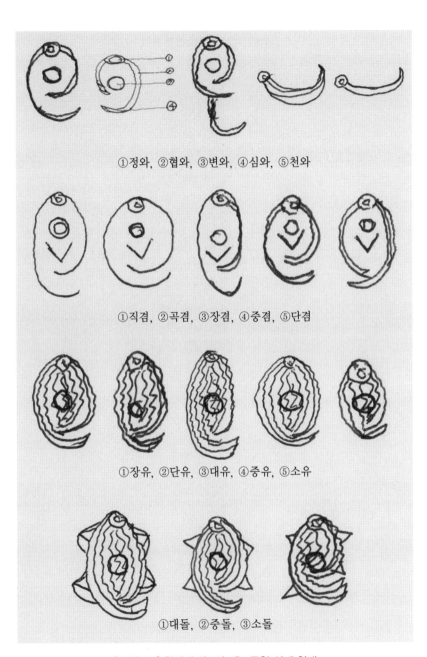

①정와, ②협와, ③변와, ④심와, ⑤천와

①직겸, ②곡겸, ③장겸, ④중겸, ⑤단겸

①장유, ②단유, ③대유, ④중유, ⑤소유

①대돌, ②중돌, ③소돌

[그림 12] 현장의 와·겸·유·돌혈 실제 형태

[표 15] 4상 종류별 변천 추이

구 분	종 류		비 고
	고 전	현 장	
와 혈	협와, 활와, 천와, 심와	정와(천와, 심와) 협와(천와, 심와) 변와(천와, 심와)	4종(고전)→6종(현장) 단명→복명
겸 혈	직겸, 곡겸, 장겸, 단겸	장겸(직겸, 곡겸) 중겸(직겸, 곡겸) 단겸(직겸, 곡겸)	4종(고전)→6종(현장) 단명→복명
유 혈	장유, 단유, 대유, 소유	장유(대유, 소유) 중유(대유, 소유) 단유(대유, 소유)	4종(고전)→6종(현장) 단명→복명
돌 혈	대돌, 소,돌 평돌, 산돌	대돌(평돌, 산돌) 중돌(평돌, 산돌) 소돌(평돌, 산돌)	4종(고전)→6종(현장) 단명→복명

※ 혈의 변천 과정

1. 혈상의 변천

4象 →5嶽 → 6嶽으로 바뀌며, 입혈맥 1악이 추가 된다.

2. 4상 종류의 변천

1) 와혈

(1) 협와, 활와, 심와, 천와 → 정와의 심와와 천와, 협와의 심와와 천와, 변와의 심와와 천와로 바뀐다.

(2) 활와가 삭제된다(거의 보기가 희박하다).

(3) 단수명이 복수명으로 된다.

2) 겸혈

　(1) 장겸, 단겸, 곡겸, 직겸 → 장겸의 곡겸과 직겸, 중겸의 곡겸과
　　직겸, 겸의 곡겸과 직겸으로 바뀐다.

　(2) 중겸이 추가된다.

　(3) 단수명이 복수명으로 된다.

3) 유혈

　(1) 장유, 단유, 대유, 소유 → 장유의 대유와 소유, 중유의 대유와
　　소유, 단유의 대유와 소유로 바뀐다.

　(2) 중유가 추가된다.

　(3) 단수명이 복수명으로 된다.

4) 돌혈

　(1) 대돌, 소돌, 평돌, 산돌 → 대돌의 평돌과 산돌, 중돌의 평돌과
　　산돌, 소돌의 평돌과 산돌로 바뀐다.

　(2) 중돌이 추가된다.

　(3) 단수명이 복수명으로 된다.

7. 분합은 와혈이 유일하다

풍수고전이나 일반적인 분합이론은 혈 사상 모두에서 상분하합이 되
는 것으로 접근하고 있다. 그러나 분합이 제대로 되는 것은 와혈뿐이다.
다른 혈상인 겸혈, 유혈, 돌혈은 분합이 대체적으로 이루어지지 않는
다. 겸혈의 하합은 두 갈래의 물길이 전순 아래에서 이루어지므로 하합

이라고는 할 수가 없다. 이에 비해 유혈과 돌혈은 하합이 되지 않는다. 파구가 여러 갈래로 갈라져 나가기 때문이다. 이것을 다시 정리해 보면, 와혈은 상분하합이 정확하게 이루어져 물길이 하나로 나간다. 겸혈은 낙조사의 영향으로 나가는 물길이 2군데이다. 유혈은 물길이 3군데로 빠져나간다. 돌혈은 현침에 의해 7군데로 물길이 나간다. 따라서 분합이 되는 혈은 와혈이 유일하다.

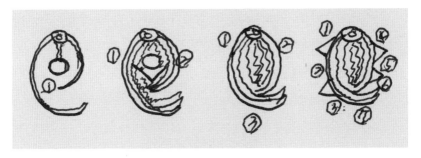

[그림 13] 혈 4상의 물길

8. 여기는 혈상마다 달리 나타난다

여기(餘氣)는 혈을 만들고 그 나머지의 힘으로 전순을 만드는 것으로 이해하고 있다. 혈이 자리를 만들고 남는 여기의 힘으로 전순을 만든다는 것이다. 그 순서는 입수 → 혈 → 전순으로 종선상에 여기가 존재하고 있는 것으로 보고 있다. 그러나 와혈은 전순이 종적인 혈 밑에 위치하지 않는다. 좌나 우측의 선익과 연결되기 때문이다. 규모가 큰 선익을 통해 전순이 연결되는 것으로 혈의 남는 힘으로는 연결이 되지 않는다. 그러므로 와혈의 전순은 여기의 힘으로 된 것이 아니라 선익의 연장선으로 된 것이다. 따라서 와혈은 여기가 없으며, 겸혈과 유혈 돌혈은 전순이 종선 상에 위치하고 있으므로 혈을 만들고 난 후의 남는 힘으로 여기가 되는 것이다.

9. 혈 사상별 전순의 생성 원리가 다르게 나타난다

전순의 생성 원리를 공부한다는 것은 혈장을 이해하는 수준이 상당히 높이 올라왔다는 의미가 될 수 있다. 혈장 연구는 아무리 깊이 있게 그리고 오랫동안 연구를 했어도 다루기가 힘든 것이 사실이다. 기본적인 혈의 사상에 대한 이해와 더불어 각 혈상의 특성을 제대로 해석할 수 있는 능력(전순이 생성되는 원리의 정립)이 있어야만 가능하다.

와혈의 경우 전순은 선익으로 연결되어 있으며, 마지막 부분의 끝자락에 생성된다. 겸혈은 혈의 여기로 전순이 생성된다. 겸혈의 전순을 낙조사라고 하는데, 혈 아래 뾰족이 내민 대추씨 형태가 된다. 유혈은 종선의 개념에 의거 입수 → 혈 → 전순으로 연결되는 것으로 겸혈과 마찬가지로 혈의 여기로 생성된다. 돌혈은 유혈과 같은 원리이다. 다만, 혈의 높이가 높고 선익사인 현침이 수직으로 붙어 있다는 것이 유혈과의 차이점이다. 따라서 와혈의 전순은 독특하게 선익으로부터 생성되며, 겸혈, 유혈, 돌혈은 입수 → 혈 → 전순으로 연결된 종선으로 이어져서 생성된다. 와혈은 선익으로, 겸혈, 유혈, 돌혈은 혈의 남는 힘인 여기로 생성된다는 점이 다르다.

10. 4신사에서 5악으로, 5악에서 6악으로 변화되어 간다

혈장보다 규모가 큰 것이 4신사이다. 풍수에서 4신사는 청룡, 백호,

주작, 현무이다. 4신사를 보고 살피는 방법은 이해하기가 쉽고 가르치기도, 배우기도 쉽다. 이에 비해 5악으로 가르치고 배우기는 어렵다. 작은 규모의 혈장에서 눈에 보이지 않을 정도의 미세한 지표면과 산의 전체적인 질서를 이해하여야 하기 때문이다. 풍수 공부가 힘들다고 하는 부분이기도 하다. 사신사로 혈을 찾다 보니 현장에서는 아직 혈이 많이 남아 있는 이유이기도 하다. 만약 5악으로 혈을 찾았다면 지금쯤 혈이 남아 있지 않아야 맞지 않겠는가?

오늘날 풍수를 습득하는 방법과 경로가 많이 확장되었다. 평생교육원을 비롯하여 대학교, 대학원 등에 풍수 과정이 개설되어 있다. 그러나 내용 면에 있어서는 대부분 4신사 위주이며, 현장 관산에서도 같은 내용으로 안내한다. 혈증인 5악 위주로 현장 설명을 하는 경우는 극히 일부이다. 더군다나 대학교나 대학원에서 나오는 논문의 연구 주제 중에는 4신사가 주류를 이루고 있다. 5악인 혈증을 주제로 한 논문은 전체 논문 800여 건 중 20건 정도에 불과하다. 특히 혈만을 위주로 한 논문은 거의 찾아볼 수 없다. 이러한 논리로 볼 때 아직도 많이 남아 있다는 확실한 증거가 될 수 있다.

현재의 연구 동향으로 보아 4신사 주제로 한 논문이 지배적인데 4신사에서 5악으로, 5악에서 다시 6악으로 변화시키고 발전을 이루어야 함에도 혈증을 다룬다는 것은 요원해 보인다. 풍수계의 깊은 성찰이 필요하다고 생각된다.

11. 혈 4상에서 5악 4상, 6악 4상으로 혈상 분석법이 변화되고 있다

혈 4상에 대한 논리는 풍수 고전에서 볼 수 있다. 『인지수지』 등의 고전에 나와 있는 4상의 그림에는 전순이 없다. 우리 얼굴에 해당하는 턱이 없으므로 물이 곧장 빠져나가는 형상이다. 4상은 4악으로 분석됐다. 이러한 것이 보충된 내용이 5악이다. 5악은 풍수 고전에서 볼 수가 없으나 근래에 현장의 혈을 보면서 발전된 것으로 이해된다. 이래서 5악에 의한 혈 4상 구분이 필요하다.

그러나 1악이 더 있다. 그것은 바로 입혈맥이다. 입혈맥은 분합에서 입수 아래 물을 갈라 준다. 입혈맥이 없으면 상분은 불가능하다. 이 상분의 원천이 입혈맥으로 1악을 추가하여 6악이라 칭하고 있다. 6악은 혈상의 5악에다 1악이 추가된 것으로 6악에 의한 혈 4상 구분이 되어야 비로소 올바른 혈상이 된다. 따라서 4악에서 출발된 혈은 5악을 지나 6악으로 분석되어야 올바른 분석이 가능하다.

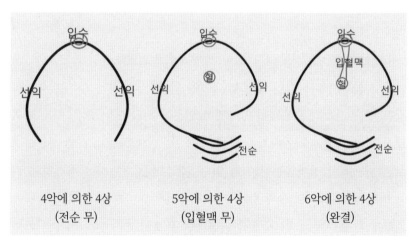

| 4악에 의한 4상 | 5악에 의한 4상 | 6악에 의한 4상 |
| (전순 무) | (입혈맥 무) | (완결) |

[그림 14] 혈 4상의 변천

12. 용맥은 'J'자 형태로 틀어야 멈춘다

혈은 아무 데서나 생성되는 것이 아니다. 용맥이 멈추어야 한다. 통상 용맥은 물을 만나면 멈춘 것으로 이해되고 있다. 물론 용맥이 물을 만나면 더 이상 나갈 수 없어 멈추는 것이 당연하다. 그렇다면 용맥이 쭉 빠져서 하천까지 내려가 멈추었다면 이러한 곳에서도 혈이 생성이 되는가? 그렇지 않다. 혈이 생성되는 원리가 있다. 멈추지 않은 맥은 하염없이 진행만 할 뿐이며, 진행되는 맥에서는 혈이 결지될 여지가 없다.

혈이 생성되는 곳은 산의 맥선이 진행하다가 'J'자 형태로 틀어지는 곳이다. 용맥의 하단부가 'J'자 모양으로 우측이나 좌측으로 튼 형태가 되어야 혈이 생성된다. 산맥은 직진성이 강하다. 그러므로 직진을 하다가 'J'자 모양의 흔적이 있는 곳이 멈춘 자리이다. 혈을 찾고자 한다면 이러한 형태로 틀어지는 곳을 찾으면 된다. 즉, 멈춘 곳이 혈이며, 멈추고자 한다면 'J'자로 틀어지기 때문이다.

13. 풍수는 거시적으로 살피기보다는 미시적으로 살핀다

풍수 공부는 미시적인 공부가 되어야 한다. 거시적인 공부는 혈장과 같은 작은 장소의 구체적이고 세밀한 연구에 적합하지 않다. 이는 광의로 해석하는 것과도 의미가 통할 수 있지만, 협의로 좁게 보고 정밀하게 보는 미시적인 방법과는 차이가 있다. 풍수에는 세밀하고 자세하게 보는 방법이 필요하다. 크게 보는 거시적 방법은 의미가 없기 때문이다.

쉽게 보고자 하여 4신사로 판단한다면 용맥의 10m 위나 아래로 가도 사신사의 모습은 그대로인데 그 범위 안에 있으면 무조건 자리가 되는가? 사람의 얼굴을 보면 중앙에 코가 있는데 그 코를 위로 당기거나, 밑으로 내려도 된다면 우스운 일이 될 것이다. 혈을 옮기는 것도 불가능하다. 혈은 자리가 왔다 갔다 할 수가 없다. 풍수 현장이 그렇다는 것이다. 현장은 사람의 관상을 보는 것과 유사하다. 얼굴 주름 하나하나까지 세찰하여야 한다. 따라서 사신사 위주로 보는 거시적 심룡이나 심혈법은 지양되어야 하며 아주 세밀하게 보는 미시적인 방법으로 접근이 필요하다.

14. 풍수가 답이 아니라 혈이 답이다

장풍과 득수는 풍수가 아니다. 오직 혈증이 혈을 쉽게 찾아내는 지름길이다. 현장이나 강의실에서 풍수의 논리보다는 혈의 논리에 대한 설명이 길어져야 한다. 혈은 오직 혈증의 원리에서 찾아야 하는데, 혈증을 떠난 풍과 수는 의미가 없다. 그렇지 않으면 아무리 오랜 시간 동안 공부하여도 혈증인 선익 하나 제대로 이해하지도 못하고 실제로 보지도 못하고 허송세월을 보낼 수 있다.

15. 묘역으로 올라가는 진입로 등 선룡을 고려하여 만들어야 한다

묘역에 올라가기 위한 진입로나 계단 등은 힘을 받지 않는 쪽에다 설치하여 비보적인 효과를 얻는 것이 좋다. 선룡이 우선이면 혈의 좌측에 비석이나 진입로 또는 계단을 설치하면 된다. 선룡이 좌선이면 우측에다 위와 같은 필요한 시설 등을 설치하여 그 부분을 보강하는 지혜가 필요한데, 이렇게 조성한 경우가 드물다. 현장에서는 선룡에 따라 반대쪽의 시설물에 비보적인 효과가 있는데 그러하지 못한 것을 많이 보게 된다. 편리하다는 이유로 진입로와 가까운 곳에 시설물 등이 조성되는 경우가 많다. 이는 가만히 있는 엉덩이의 살을 떼어 내는 꼴이 된다.

16. 봉분의 흙은 선룡의 힘이 미치지 못하는 곳에서 가져온다

봉분을 만들 때에는 봉분 높이가 있어서 흙을 많이 필요로 한다. 부족한 흙은 아무 곳에서나 가져와서는 곤란하다. 봉분을 조성하면서 상하좌우 어느 곳을 막론하고 운반하기 편리한 곳으로부터 가져오는 것이 일반적이 현상이다. 묘지에 힘을 밀어주는 곳으로부터 흙을 가져올 경우는 피해의 정도가 크므로 반드시 선룡의 힘이 미치지 아니하는 곳의 흙을 이용하여야 한다.

현장에서는 지관, 지사 혹은 상주가 생각 없이 시행하는 경우가 많다. 이때 필요한 흙 등은 힘의 영향이 없는 곳을 선택하면 효과적인데, 이렇게 하려면 선룡이나 맥선의 이해가 필요한 사항이다. 선룡의 반대쪽 흙을 활용해야 선룡의 피해가 없으며, 또한 맥선을 끊는 경우도 있으므로 손상을 입혀서는 곤란하다. 그러면 맥선과 선룡은 그 힘에 의해 산맥이 움직이고 혈의 흐름이 되므로 맥선이 아닌 곳과 선룡의 반대쪽 산의 계곡부의 흙을 이용해서 불필요한 힘의 설기를 막아야 할 것이다.

17. 패철에 의존하지 마라

풍수인들은 패철을 군인들의 소총에 비유한다. 군인은 총이 없으면 완전히 패잔병인 양 해석한다. 그러나 풍수의 경우, 접근 방식이 다르다. 이는 현장을 모르거나 현장을 떠나서는 가능하다. 강의실이나 현장에서 5악에 의한 혈증이 없는 경우에는 차선책으로 패철을 이용할 수는 있다. 그러나 우리 얼굴에서 전후좌우 중앙에 있는 코를 움직인다는 것은 도저히 인정할 수가 없는 것이다. '현장에서 우리 얼굴과 유사한 것이 없다면 패철이 필요하겠지만 자연에서 우리 얼굴과 유사한 자리가 있는데도 패철을 쓸 것인가?'라는 의문을 던져 본다.

현장에 얼굴이 있다면 패철은 사용할 필요가 없다. 코가 혈로 보면 혈심이 되므로 코에 점지하면 된다. 혈에는 얼굴의 모양과 같은 5악이 존재한다. 입수도두는 이마, 선익은 광대뼈, 턱은 전순, 혈심은 코이다. 코를 혈로 보았을 때 그 코를 찾기 위한 기구를 사용할 필요가 없는 것이다. 따라서 패철은 혈을 찾는 데 소용이 없다. 혈 4상이나 혈증 5악을 이해하면 패철의 의미는 사라진다.

18. 5악이 있는 곳에서는 용살의 피해가 없다

용살은 용맥에 의해 충을 받는 경우로서 맥이 칼이나 창 모양같이 예리한 형태로 그 아래 묘지나 집을 충사하는 것이다. 지나칠 정도로 서서 진행하는 입맥이 여기에 해당된다. 용살에 의한 집은 그 속에 살아가는 사람에게도 피해를 주며 음택은 묘지 속에 있는 후손에게 그 피해에 대한 영향을 주는 것이 된다. 따라서 혈이 아닌 곳에서는 용살에 의한 피해를 감수해야 된다.

그러나 5악에 의한 혈이 되는 곳은 용살의 피해가 없다. 용살이 있다 손 치더라도 입수가 이를 막아 주기 때문에 이러한 피해가 생기지 않는다. 다만 혈이 아닌 곳에서는 용맥에 의한 직접적인 피해가 있기 때문에 용살을 받을 수 있다. 용살의 피해를 막는 기능은 위(上)에서는 입수가, 좌우에서는 좌우 선익이, 아래(下)에서는 전순이 방어한다. 이처럼 5악에 있는 각각의 1악들은 그 나름의 전담하는 역할이 있다. 그래서 혈이 되는 곳에서의 용살 피해는 없다.

19. 혈은 혈을 찾는 방법으로 하여야 한다

풍수의 목적은 혈을 찾는 것이다. 혈을 쉽게 찾는 방법이 득수위상 장풍차지인가? 아니다. 정혈(正穴, 定穴)이 먼저다. 물을 찾거나 장풍을 보고 혈을 찾을 방법이 있단 말인가? 가능하다면 이 방법을 따르는 것이 당연하다. 그러나 풍수고전에 나와 있다고 하더라도 방법론이나 실제 적용을 함에 있어서 하자나 문제가 있다면 방법을 달리해야 한다. 득수와 장풍은 4신사에서는 적합한 것이다. 5평 정도의 혈을 찾으면서 장풍이나 득수를 분석한다고 하는 것은 납득이 가지 않는다. 아니, 이것은 억지다.

혈은 미시적인 방법으로 보아야 가능하다. 득수와 장풍으로는 거시적인 규모의 취락풍수에나 어울리지, 혈을 찾는 접근법으로는 거리가 있다. 따라서 득수와 장풍으로 혈을 찾는다는 것은 불가능으로 가는 길이며, 혈증 위주로 찾아야 혈이 보이는 것이다. 혈을 찾는 데 있어서는 혈증, 혹은 정혈이 가장 우선시되어야 한다. 그렇지 않으면 입정불입실(入庭不入室)이 될 것이다. 즉, 마당까지는 들어가지만 안방에는 못 들어가는 꼴이 된다. 일을 성사시키려면 안방이 있어야 되는데 그곳에 들어가지를 못하므로 일의 목적은 불발되는 것이다.

20. 혈 찾기는 원칠근삼으로 가능한가?

혈을 찾는 방법론에 심혈법이 있다. 심혈법은 원칠근삼(遠七近三)의 의미로 전체를 놓고 혈을 찾기 위한 경우로, 그 경우의 수로 표현한 것이다. 그러나 먼 곳에서 미세한 혈을 찾는다는 것은 불가능한 것이다. 멀리서 용이나 맥 혹은 주변을 찾아가는 거시적인 접근 방법은 가능하나, 미세한 혈을 먼 곳에서 무슨 재주로 찾는단 말인가? 이는 불가능한 이론이다. 4신사나 용맥을 찾는다는 것은 가능한 일이지만 혈은 가능성이 없다. 물론 용과 맥, 4신사를 찾아 접근하는 하나의 이론으로서는 가능한 일이지만 미세한 혈을 찾아낸다는 것은 현실적으로는 의미가 없다. 이처럼 풍수고전의 원칠근삼은 이제 사용하지 말아야 한다. 꼭 사용코자 한다면 원삼근칠이 되어야 올바른 표현법이 될 것이다.

숨어 있는 또 다른 문제점은 접근 방법이 너무 거시적이라는 데 있다. 이는 조선 시대 사대부들의 혈 찾기 공부 방법이 아닌가 싶다. 혈증의 하나인 선익은 아주 미세한 사(砂)이다. 이 미사(微砂)를 찾는데 사신사, 즉 보국으로 찾을 수 있단 말인가? 답은 부정적이다. 이는 앞에서도 언급되었지만 입정불입실의 개념이다. 볼일이 있어 사람을 만나기 위해 다른 사람의 집에 가기는 가는데 방 안에는 들어갈 수가 없는 것이다. 방 안에 들어가야 진지한 대화가 나올 수 있는데 마당에서 말을 나누는 것은 건성으로 하는 것일 뿐 진정성이 떨어진다. 따라서 올바른 관산은 거시적인 방법이 아닌 미시적인 방법으로, 광의가 아닌 협의로, 총론에서 개론으로 접근하는 방법의 전환이 필요하다.

21. 이기법에 의존해서는 안 된다

풍수 혈은 형기를 먼저 논하여야 한다. 순서가 있다. 선형후이가 존재한다. 먼저 형기를 보고 나중에 이기를 편성해야 올바른 법이 된다. 잘못된 형기 속에 이기를 논해 봐야 올바른 자리가 될까? 만들어질까? 안

된다. 혈 자리가 아닌 곳에서 공간·시간 등의 온갖 이기를 동원하여 사용한들 무슨 의미가 있겠는가. 그렇다면 올바른 자리에서는 바른 이기를 동원하여 사용하는 것이 좋은 방법이다. 인간의 입장에서 공간적·지리적으로 좋은 곳을 선택한다면 시간적인 개념을 도입해서 하는 것이 3간의 개념이다. 풍수는 통합의 개념이다. 물론 한 가지를 가지고 논하고 싶지는 않다. 다만 풍수는 순서가 따르기 때문이다.

하늘과 땅의 중간에 있는 인간의 입장에서 올바르지 못한 공간이 있다면 아무리 좋은 시간을 선택한들 인간이 바르게 되지는 않는다고 본다. 그렇다면 길한 공간에 적절한 시간을 맞춘 입장에서 인간이 살아가려는 것이 최종적인 목적이며 이는 풍수 이기법의 활용이다. 좋지 못한 공간에 아무리 좋은 시간을 헤아려 길한 조건이 된다면 공간은 필요가 없고 풍수의 이기만을 고집해도 된다.

그러나 현실은 그렇게 탐탁지 않다. 풍수의 통계학적인 분석을 이해한다면 좋은 시간의 선택은 가능하리라 생각된다. 그러하지 아니한 흉지의 공간에 시간을 도입한다면 이기는 버려야 할 방법론이라고 본다. 조선 시대 과거시험을 치를 때 음양과 고시과목 중에 『지리신법(地理新法)』이라는 책이 있다. 이 책은 이기론을 대표하는 서적이지만 형기론이 지리의 근본임을 내세우고 있다. 그 이유는 오행의 기운이 땅속을 흐르고 있는데, 형세가 없으면 생기가 모이지 않기 때문이라고 보고 있는 것이다.[44]

---

44 『地理新法』, 「形勢論」.

22. 5렴이나 6렴을 해결하는 만능 키가 존재한다

6악이 있는 곳에 6렴이 들까? 혈이 되는 곳에는 6렴이 들 리가 없다. 즉, 혈에는 전후좌우의 미세한 사들이 6렴을 방어하고 있기 때문에 혈심에는 병렴이 침범할 수 없다. 앞에는 전순이, 뒤에는 입수가, 좌측에는 좌선익이, 우측에는 우선익이 있어 지표면을 통한 6렴을 방어하는 것이다. 혈이 되지 않는 곳, 사신사나 다른 논리에 따라 자리를 잡은 경우에는 6렴이 들 가능성이 크지만 올바른 혈에서는 6렴이 들지 않는다. 그러므로 혈증이 있는 곳을 찾아서 자리를 하는 것이 현명한 방법이다. 그러나 양택인 경우에는 규모가 커 혈 자리가 아닌 곳이 대부분이다. 이러한 상황에서는 해결책이 미미할 수밖에 없다.

궁하면 통한다. 문제점이 있으면 해결책이 있는 법이다. 이가 궁통보감이다. 아궁이에 불을 때는 것이 상책이다. 불을 때면 목렴, 모렴, 화렴, 수렴, 풍렴, 충렴이 예·방어된다. 목렴이나 모렴은 나무의 뿌리 혹은 가는 실뿌리로 불에 이길 수가 없어 불을 지피면 타 죽는다. 화렴은 검게 되는 것으로 이 역시 불에 대항할 수가 없다. 수렴도 마찬가지이지만, 풍렴이나 충렴도 아궁이에 의한 불을 넣는 것으로 해결된다. 따라서 양택인 건물의 경우에 6렴을 이길 수 있는 방법은 작은 한옥이나 나무집에 구들을 만들어 화목으로 불을 지피는 것이 가장 좋은 방법이다. 5렴이나 6렴을 해결하는 만능키가 바로 구들에 불을 지피는 방법이다.

23. 풍수무전미가 아니라 풍수전미이다

'풍수무전미(風水無全美)'라는 풍수 용어가 있다. 현장에서는 완전무결한 땅이 없다는 의미로 생각하는 사람이 다수다. 풍수무전미는 4신사로 보면 이해가 된다. 4신사는 큰 규모이므로 풍수무전미가 오히려 규모면에서는 맞다.[45] 그래서 풍수무전미는 4신사로 보면 어느 정도 일리가 있다고 보는 것이다. 맥선의 자리가 10m 위로 올라가나 내려가나 같은 범주 내에 있기 때문이다.

이에 비해 풍수전미는 혈증으로 보아야 된다. 혈증을 위주로 보면 빈틈의 여지가 있어서는 안 된다. 여유 폭이 전혀 없다. 상하로 1m, 아니 10㎝의 여유도 없는 것이 혈이다. 혈증 위주의 정혈은 한 치의 오차가 있어서나, 벗어나서도 안 된다. 혈이 정확하다면 풍수전미(風水全美)인 것이다. 전미는 여유 폭이 전혀 없어 무전미와는 큰 차이가 있다. 따라서 풍수무전미는 4신사로 보는 것이요, 풍수전미는 혈증으로 보는 것이다.

혈 자리를 찾아 못자리를 쓴 결과 잘 풀렸으면 이러한 말이 나왔을까 하는 생각을 해 본다. 지사나 지관을 대동하여 자리를 보고 난 후에 식사 대접을 융숭하게 하고 또 노잣돈까지 챙겨서 준다. 실제 못자리를 쓰고 발복을 기대하면서 세월을 보냈으나 돌아오는 것은 오히려 흉한 일만 생긴다. 이러다 보니 후회막급할 수밖에 없었을 것이다. 그래서 못자리는 길한 땅이 없다는 의미가 풍수무전미로 둔갑된 듯하다. 묘지 사용 후 발복이 잘되었으면 이런 말이 생겨날 리가 없었을 것이며, 이에 따라 이 말이 시사하는 바가 크다.

그렇다면 풍수에서 온전한 곳은 없는가? 없을 것이라고 단정하는 이유는 간단하다. 아무리 좋은 조건의 자리라도 흠이 있다고 일반적으로 이

---

45 4신사의 규모는 가로 100m 세로 100m 로 1ha가 넘는 규모로 크다. 이에 비해 혈은 5평 내외의 규모로 작다. 4신사는 너무나 큰 규모이며 혈은 아주 작은 면적으로 섬세하게 보아야 하는 차이점이 있다.

해하는 것이다. 그럼 반대로 풍수전미는 있는가? 있다고 보는 이유는 단순하다. 혈의 경우는 전미이다. 혈이라고 하는 용어는 하나라도 흠이 있으면 혈이라고 말할 수가 없다. 풍수고전인『인자수지』등에서 그려진 혈상에는 턱에 해당하는 전순이 나타나 있지 않다. 이래도 혈상이라 할 수가 있는가. 필자가 과거로 돌아가서 그 시대에서 봤다면 당연히 혈상이 아니라고 주장했을 것이다. 전순이 없는 혈상은 물이 곧장 빠져나가는 모습으로 혈이 결지되지 않는다. 그 당시에는 혈증의 기준으로 통용이 되었기 때문에 어찌 되었든 혈이라고 한 것이다. 그런데 지금은 다르다. 전순이 있는 5악이 현장에서 확인된다. 이러한 논리로 볼 때, 혈의 요소인 1악이라도 부족하면 혈이라 할 수가 없는 것이다. 이 상태를 두고 풍수는 무전미라 했다.

그러나 올바른 혈은 부족한 곳이 없다. 부족함이 있으면 혈이라는 혈 이름을 붙일 수가 없기 때문이다. 그러므로 혈상의 이름이 있다면 그것은 온전한 것이다. 이는 풍수전미이다. 따라서 풍수무전미는 잘못된 용어로 풍수전미로 바꾸어야 된다고 본다. 혈은 완전무결한 '풍수전미(風水全美)'이기 때문이다. 이에 비해 장풍인 4신사는 풍수무전미인 것이다.

24. 장풍 득수로는 혈을 찾지 못한다

단순하게 생각하면 줄인 말이 된다. 그러나 정확하게 보면 풍수는 혈을 의미하며 장풍 득수와는 거리가 멀다. 혈은 정혈이고 혈증으로 찾아야 하기 때문이다. 혈을 찾는 목적에 장풍과 득수로 찾는다는 것은 불가능하고 잘못됐다.

만일 장풍과 득수로 혈을 찾을 수가 있다면 새로운 이론이 하나 성립되는 것이다. 이러한 이론이 새로 생겨난다면 공부하는 사람으로서는 환영할 일이다. 왜 좋다는 말인가. 풍수 현장에는 아직도 4신사로 떠드는 경우가 많고, 수맥이나 기맥으로 자기가 최고인 양 말하는 경우가 많은데 이러한 혼란을 종식시킬 수 있기 때문이다.

누구든지 짧은 시간 내, 혈을 이해하여 좋은 자리를 잡아서 조상을 모시려는 욕구가 강하다. 그렇지만 이러한 것은 거의 불가능하다. 작게 보아도 쉽지 않은 것이 혈 공부인데, 크게 보아서 혈을 찾는 이론은 객관성과 일관성이 떨어진다. 풍수 관산을 따라 다녀 보면 같은 장소를 두고서도 제각각 다르게 해석하고 계절별로도 판단을 달리하는 것을 종종 볼 수 있다. 특히 시차만 다를 뿐 동일한 사람이 동일한 장소를 두고 달리 해석한다는 것은 기준과 원칙이 없는 것으로 사신사 위주의 해석에서 비롯된 것으로 보인다. 그래서 장풍 득수는 줄임말 정도의 풍수는 될지언정 혈을 찾는 수단은 되지 못한다고 보는 이유이다.

25. 풍수는 득수위상 장풍차지일까?

득수와 장풍은 4신사에서 사용하는 어휘이다. 용을 간룡이라 하고, 혈을 정혈이라 하고, 사를 4신사인 장풍이라 하며, 물을 득수로 표현되며, 향을 좌향론으로 구분할 때 사용하는 용어가 용·혈·사·수·향 중의 4신사와 수인 물을 의미하는 것이다. 풍수를 혈이라 할 때, 이때 사용하는 비교법과는 차이가 있다. 혈이라고 가정할 때는 정혈의 하위 단위인 혈을 의미하고 있지만 장풍과 득수는 동등의 개념이다. 득수의 수와 장풍의 풍을 당겨 풍수로 볼 때와는 다르다. 혈을 찾으면서 득수와 장풍으로 찾는다는 것은 개념으로도, 현실적으로도, 자연 속에서는 같이 존재할 수가 없다. 따라서 혈을 찾기 위해서는 정혈의 원리를 이해하고 현장에 임해야만 혈이 보인다. 물과 장풍으로는 크게 보는 방법으로 혈을 찾는 목적과는 차이가 크다.

26. 명당이란?

명당의 사전적 의미는 아주 좋은 묏자리를 의미하는 것으로 설명됐다.[46] 그러나 일반적으로 묏자리 앞이나 집 앞을 이해했다. 그러나 명당은 혈처를 말한다. 밝은 곳이 명당이고 명당이 혈이기 때문이다. 명당을 묘지 앞이나 마당을 의미한다고 하지만 실제로 명당의 명은 밝은 곳이며 당은 집 '당' 자이다. 그러므로 명당은 혈이지 혈의 앞은 아닌 것이다. 명당은 혈을 찾는 방법의 의미가 아니라 4신사로 찾는 경우이다. 즉, 큰 개념으로 찾으면 묏자리 앞이나 집 앞으로 생각할 수 있다. 그러나 미시적 작은 개념, 즉 우리 얼굴과 같은 작은 개념으로 혈을 찾아서 보면 명당은 혈이고 혈처인 것이다. 따라서 명당은 혈처이지, 혈 앞의 땅이 아니다.

다른 논리로 볼 때 명당의 사전적 의미는 3가지로 구분된다. 먼저 명(明)은 밝을 명, 총명할 명 등으로 17개의 뜻이 있고, 명(眀)은 눈 밝을 명으로 명의 별자이며, 명(朙)은 明의 고자로 되어 있다.[47] 이를 놓고 분석해 보면 명당이란 눈 밝은 명과 집 당으로 함이 타당하다고 느낀다. 그러나 明의 해석은 달이 있을 때의 해는 의미가 퇴색된다. 명(朙)은 달이 있을 때 창문을 통한 밝음이다. 따라서 明堂이 아니라 朙堂이 되어야

46 장삼식, 「한한 대사전」, 교육도서, 1993, 683쪽.
47 장삼식, 「한한 대사전」, 교육도서, 1993, 682, 712, 1046쪽.

풍수에서 혈을 찾는 데에 적절한 어휘가 되는 것이다.

이에 따라 앞으로는 '明堂'을 '明堂'으로 바꾸어 사용되어야 하며, 6악의 혈증에 의한다. 이에 반해 明堂은 4신사에 의한 양택에 사용되어야 된다. 그럼 明堂의 활용은 복합적으로 사용되어 지금의 시대에 이용되고 있다고 보는 것이다.

27. 5다 원칙을 알아야 한다

혈은 5가지 원칙 속에서만 혈이 된다. 다음과 같은 원칙이 없으면 혈은 생성되지 못한다. 괴혈이든 의혈이든 정상적인 혈이든 간에 '5다 원칙' 속에서 혈은 만들어지는 것이다.

1) 제1원칙: 들었다

혈의 생성은 입수부터 시작된다. 입수에서는 작은 분맥을 하기 위해서 들어 주어야만 개장과 같은 소분맥이 이루어진다. 소분맥 속에서 천심맥이 나가면 혈이 형성된다. '들었다'가 첫 번째의 일이다. 이를 확인하는 방법은 측면에 가서 맥선을 보면 이해된다.

2) 2원칙: 벌렸다

두 번째가 벌렸다는 것이다. 벌려져야만 소개장이 되어 좌우의 선익이 된다. 벌렸음은 선익이 있다는 말이다. 그러므로 6악 중의 하나인 좌우측의 선익이 생성된다는 말과 같다. 선익이 생성되면 6악의 5악[48]이 완

---

48 4악은 전순이 빠진 경우로 풍수 고전에서 나타난 그림이다. 전순이 1악을 의미하기 때문이다.

성되는 것이다.

3) 3원칙: 붙었다

좌우의 선익이 올바르게 생성되고자 한다면 선익의 측면에 요성이 붙어야만 올바르게 생성된다. 붙어 있는 사가 없거나 미약하면 좌우측의 선익이 안으로 굽어진 형태가 되지 않는 경우가 생긴다. 이렇게 되면 선익이 배신하는 형태가 되어 올바른 혈이 되지 못한다. 그러므로 사가 붙었다는 것은 올바른 혈을 생산하는 데 필요조건이 된다.

4) 4원칙: 돌았다

남은 1악이 되고자 한다면 진행하는 맥이 돌아야만 마무리가 된다. 이때 형태가 돌아가는 모양이다. 돌았음이 없는 것은 올바른 마무리가 되지 못한다는 것이다. 이렇게 되면 전순이 있을 수 없다. 없는 전순은 당판의 물이 곧장 흘러 일직선으로 빠져나가 혈의 기운을 설기시킨다. 그러므로 전순이 없다는 것은 다 된 밥에 코를 빠뜨리는 꼴이 되어 큰 하자가 발생된다. 다음의 그림 모양이 고전의 4상들이다. 이런 경우에 혈이 되지 않으므로 혈의 마무리는 분명하게 돌아야 한다.

5) 5원칙: 떨어졌다

맥이 돌려면 돌아가는 하단부가 떨어져야만 된다. 떨어지면 자연의 이치는 돌게 마련이다. 자연의 맥이 떨어짐은 상호 같이 이루어지므로 맥의 돌아감이나 떨어짐이 분리될 수는 없다. 그러므로 5다 원칙은 혈을 만드는 데 있어서 대단히 중요하다.

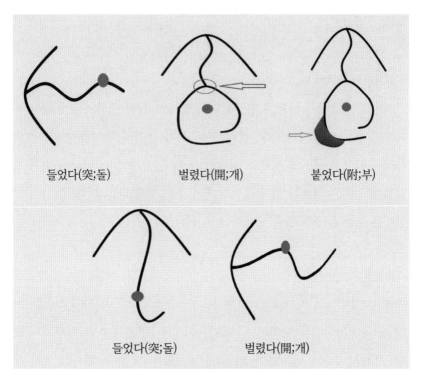

들었다(突;돌)　　　　　벌렸다(開;개)　　　　　붙었다(附;부)

들었다(突;돌)　　　　　벌렸다(開;개)

[그림 15] 5다 원칙

※ '5다 원칙'인 '① 들었다, ② 벌렸다, ③ 붙었다, ④ 돌았다, ⑤ 떨어졌다'의
끝말 5가지 '다'는 5악을 만드는 데 하나라도 빠져서는 혈이 생성되지 않
는다. 그러므로 자연에서 5다 원칙을 살펴 지표면에 5다 원칙이 있는지
를 파악해야 된다. 그러하지 아니하면 혈은 공염불이다. 빠른 시간 내 혈
을 보다 쉽게 찾아내는 능력이 5다 원칙이다.

28. 돌혈은 다른 혈과는 국세가 다르다

돌혈은 국에 대한 내용이 특별하며, 득수국(得水局)이 많은 것으로 해석된다. 득수국은 전면·좌우·옆면 등 3면이 산이 아닌 계곡의 물로 좌산·우산·앞산을 대신하는 수위대지(水位代地)로 된 경우이다. 장풍국(藏風局)은 3면이 산으로 되어 있으며, 바람의 영향을 받는다. 이에 대한 해석은 공감된다. 그러나 주변이 산과 물로 혼재되어 있는 경우는 특별하게 명명된 내용이 없다. 이 부분에 대해서는 한번 짚어 보아야 할 것이다.

3면 중 1면은 물로 2면은 산으로, 1면은 산으로 2면은 물로, 2면은 산이나 물로 되어 있으나 나머지는 없는 경우도 이름이 없다. 그렇다면 혼용되어 있는 경우는 어떻게 할 것인가? 이에 대한 의미는 다음과 같다. 장풍의 풍과 득수의 수인 양자를 따서 풍수국(風水局)이라 표현해야 될 것이다. 별다른 명사는 많다고 볼 수는 있다. 다만 득수국과 장풍국의 내용 분석에 따른 문구는 장풍의 '풍'과 득수의 '수'를 합쳐 '풍수국'이 가장 근접한 의미를 함축하고 있기 때문이다. 이러한 문제는 차후에 깊이 있게 다룰 필요가 있을 것이다.

득수국과 장풍국은 여타 혈에서는 잘 이루어지지 않는다. 간혹 와겸유돌혈에서 같이 혼용하여 사용되는 경우가 있지만 돌혈을 뺀 나머지 혈상에서는 흔하게 사용되지 않는 것이 일반적이다. 혈의 여부를 따지는 것은 주변 사와 관계가 있지만 가장 큰 힘을 가진 것이 돌혈이기 때문에 돌혈은 득수국인 물만을 가진 경우에도 혈이 된다는 이유이다. 돌혈이 주변 사(砂)에 의한 장풍국이 된다면 올바른 혈이 되지 않을 가능성이 있다는 것이다. 따라서 다른 혈은 득수국이 되지 않는다는 말이다. 이는 설기를 동반해야만 된다는 뜻과도 유사하다. 그러므로 산 정상에 있는 돌혈은 자기의 힘으로 혈이 결지된 경우가 많다.

29. 경사가 급한데서는 혈이 생성되지 않는다

혈은 어떤 상태의 지표면에서 만들어질까? 이에 대한 궁금증은 혈의 생성 원리이다. 혈이 골짜기나 산 능선의 측면이나 급경사지에서 생기는 경우는 거의 없다. 그것은 완만한 능선이다. 사람이 산행을 하다가 쉴 만한 곳, 앉을 만한 곳이 있으면 거기서 잠시 머문다. 그곳이 바로 자리이다. 위와 같은 자리의 공통점은 한쪽으로 방향을 튼 'J'자가 되어야 한다는 것이다. 지표면에 대하여 경사지와 경사지가 아닌 곳을 대상으로 연구한바, 다음과 같은 결론을 내릴 수 있다.

와혈과 겸혈은 경사지가 멈춘 상태가 되어야 혈이 된다. 뒤가 낮거나 평탄한 곳에서는 혈이 생성되지 않는다. 유혈과 돌혈은 올라간 상태의 봉우리에서 혈이 된다. 이때는 입수가 낮고 혈이 봉우리가 되며 전순이 낮은 곳에 위치한다. 이는 높낮이에 대한 이해만 잘 해도 쉽게 혈을 찾는 방법이다. 경사지에서의 멈춤은 와혈과 겸혈이며, 최정상의 평탄면에서는 유혈과 돌혈이 생성된다.[49] 이는 산의 흐름을 이해하는 측면에서 보면 쉽게 찾아낼 수 있게 된다. 유혈은 올라가는 산과 내려가는 산이 돌혈에 비해 완만한 곳의 정상에 혈이 생성되며, 돌혈은 유혈에 비해 급경사지의 봉우리에서 생성된다. 이에 대한 내용은 아래의 [그림 16]과 같다.

---

49 이재영·허영훈, 「한국지형에서의 풍수 혈 사상 분석」, 『한국학 논집』 제76집, 계명대학교 한국학연구원, 2019, 179-180쪽.

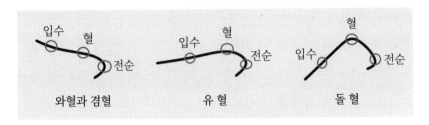

[그림 16] 와·겸과 유·돌혈의 경사지 비교

30. 수위대지는 혈에 영향을 끼치지 못한다

수위대지(水位代地)는 물을 산으로 대신하는 원리이다. 산이 있어야 제대로 된 사(砂)격이지만 혈은 이러한 사가 있는 경우, 없는 경우, 일부만 있는 경우로 한마디로 대중없다. 바른 사가 있으면 좋으련만 없는 경우에는 사를 대신하는 것이 대지이다. 그 대지는 물이다. 청룡이 없으면 물로 이를 대신하는 것이, 백호가 없으면 물로 이를 대신하는 것, 주작도 이러한 내용과 같은 원리이다.

그런데 문제는 4신사에 관한 언급이다. 혈이나 용이나 좌향에서는 물로 대신할 수 있는 것이 없다. 4신사는 장풍을 관장하는 의미로 그 규모가 크다. 이러한 4신사는 물로 대신한다는 수위대지의 의미가 상통한다고 본다. 그런데 대신하는 궁극적인 목적은 혈이다. 4신사가 물을 대신한다고 하지만 혈에 끼치는 영향은 오리무중으로 미궁이다. 혈에 대해 어떻게, 어떠한 영향을 끼친다는 내용은 너무나 비약이다.

4신사는 혈과의 거리상 상관관계만 봐도 그렇다. 거리가 100m, 멀게는 1㎞ 정도가 되는 경우가 허다하다. 경상북도 구미의 박정희 전 대통령의 생가와 선대 묘지는 천생산의 영향이라 하는데, 그 거리가 10㎞가

넘는다. 어떻게 해서 거리가 그렇게 먼 곳에서 생가나 묘지에 영향을 끼친단 말인가. 너무도 어이가 없는 말이다. 그래도 이 말이 통한다. 그리고 앞으로도 어느 정도 통할 것이다. 이래서 풍수는 미신으로 취급받고 있지 않는가 하는 생각을 해 본다. 따라서 수위대지는 4신사를 의미한다는 것은 될지언정 혈에 대해서는 어떠한 영향을 끼친다고 할 수가 없다. 이렇듯 수위대지는 사용하지 말아야 하는 용어라 본다.

31. 형국론은 심혈법의 수단으로 사용할 수 없다

형국은 산을 동물이나 식물 혹은 글자 등의 지형지물을 그림화하여 읽어 보는 방법이다. 소 형국은 여물통 혹은 젖을 혈 자리로 판단하는 이론이다. 이는 6악의 개념과는 엄청난 괴리가 있다. 와우형에는 밥그릇인 여물통이나 젖을 형상화해서 표현한다. 지표면을 보고 6악에 의한 판단을 하는 형기론과는 비교가 되지 않는다. 일부 풍수연구자는 이러한 형국론이 풍수의 전체인 양 떠들어 대지만 허구에 지나지 않는다.

6악에 의한 혈의 연구만이 혈을 찾는 데 지름길이다. 간혹 지금도 형국론을 주장하면서 형국의 모양을 강조하곤 하지만 문제는 크다. 이에 대해 풍수인들은 자연 속에서 혈을 찾는다면 혈증 위주로 지표면을 읽어 내야만 한다. 형국론은 여러 풍수고전에서 경계하고 있듯이 같은 자리를 두고서도 다른 해석이 내려지는 등의 문제점이 한두 가지가 아니다.

32. 매장 시에는 몰관을 해야 한다

사람이 죽으면 관에다 모신다. 요즈음 비교해서 보면 관은 말하는 그대로 죽은 사람의 집이다. 죽은 사람에게 관은 필요할까? 죽은 자는 땅

속에 들어간다. 땅속에 나무로 된 관을 넣으면 그 나무는 얼마만큼의 세월이 지나면 썩는다. 나무가 썩으면 공극이 생겨 땅속은 허공이 된다. 무덤 속이 허공이 된다면 시간이 흘러가면서 서서히 꺼지게 마련이다. 땅이 꺼지면 봉분 속으로 물이 들어간다. 물이 침범하면 혈 자리라 한들 소용이 없다.

조선 시대에는 하나를 더한 관곽(棺槨)을 썼다.[50] 관은 내관(內棺)이고, 곽은 외곽(外槨)으로 나무로 된 상자가 2개이다. 이때에 관곽이 흙 무덤 속에 들어가면 그 부피가 2배로 커진다. 나무가 썩으면 봉분은 꺼지게 마련이다. 그에 대한 피해가 큼은 당연지사다. 이러한 피해가 사라져 지금은 관만 쓴다. 즉, 관곽에서 관으로 변경되었다. 그러나 아직도 화장이 아닌 매장에서는 관을 사용하고 있는데, 앞에서 언급한 바와 같이 그러한 피해가 있다.

혈 관산을 하다 보면 봉분이 밑으로 꺼져 있는 경우를 종종 본다. 이러한 피해는 막아야 한다. 이에 따라 시신을 이송 중에는 관을 사용해야 하겠지만, 관을 봉분 속에 넣을 때에는 사용하지 말아야 한다. 이에 대한 해결책이 몰관이다. 몰관은 시신만 넣는 방법이다. 몰관으로 처리를 해도 봉분의 무너짐이 예상된다. 시신의 육이 흙이 되면서 그만큼 공극이 생긴다. 이를 방지하기 위한 방편으로 횡대는 일률적으로 사용되곤 했다. 그러나 이는 차선책이었다. 아무리 장사를 잘 한들 봉분의 꺼짐은 피할 수가 없다. 이러한 피해를 예방하는 차원에서도 관의 사용은 지양되어야 하며 몰관이 최고·선이다.

---

50 조선시대 세종대왕은 몸이 허약해 질병의 종합병원이라 했다. 몸저누워 위독하면 관곽을 준비했다. 이상곤, 『왕의 한의학』, 사이언스 북스, 2014, 28쪽.

33. 무해무덕한 땅은 없다

무해무덕(無害無德)은 있을까? 없다. 그럼 반대말인 유해유덕(有害有德)은 있을까? 없다. 풍수 혈이 있어야 하지 않을까? 있다면 무해무덕일까, 유해유덕일까? 혈은 유덕하다. 혈이 되지 않는다면 무덕이며, 해가 있는 것이다. 혈의 정의는 바로 위와 같은 의미가 된다. 즉, 무해무덕한 자리는 없다. 혈이 되면 유덕하고 무해한 것이며, 혈이 되지 않으면 무덕하고 유해한 것이다. 사람을 매장할 때 혈이 아닌 곳에 장사하면 무해무덕이 아니라 유해무덕이며, 혈이 되는 곳에 장사하면 무해유덕한 것이다.

따라서 무해무덕한 땅은 없는데도 불구하고 잘못 와전되어 지금까지도 사용되고 있다. 이건 지관 지사가 장난치는 소리이다. 무해무덕은 아주 잘못된 풍수용어로서 사용하지 말아야 한다. 풍수 경력이 오래된 풍수인일수록 이만하면 무해무덕한 자리라고 하면서 설명을 하는데, 아주 잘못된 용어이므로 사용하지 말아야 하며 그자에게 책임을 물어야 한다.

34. 집묘는 집안을 망치게 한다

편리함을 핑계로 여러 기의 조상 묘지를 한곳으로 모으는 것이 현실이 됐다. 집묘(集墓)는 편리함을 핑계로 적당하게 하는 마음으로 둔갑한다. 참으로 어이없는 발상이 아닐 수 없다. 여러 집묘 사례를 살펴보면, 그 집안을 망치게 한 것을 볼 수 있다.

대표적 집묘 사례로는 세월호 사고의 단초를 제공한 유병언 선대의 집묘이다. 유병언은 경상북도 의성군 안평면에 20여 기의 조상들의 묘들을 집묘했다. 그 외에도 STX 강덕수 전 회장, 이회창 전 국무총리, 조국 전 법무부장관 등이 집묘의 대표 주자들이다. 강덕수 전 회장은 사원부터 시작하여 승승장구해 회장에 올랐다가 망한 것으로 보인다. 이회창 국무총리는 대선후보에까지 올랐지만 성공도 없이 내려왔다. 조국 전 장관은 워낙 언론에 자주 나와 말할 필요도 없다.

이러한 집묘는 왜 나쁜 것일까? 답은 아주 단순하다. 성공의 기회가 있었다면 선조들의 덕분으로 생각하는 것이 혈이다. 이는 조상의 무덤이 길했다는 것이다. 그 좋았던 자리가 한곳으로 모였다면 어떻게 될까? 좋은 자리에서 좋지 못한 자리의 이동을, 그에 따른 피해를 받게 된다. 이는 혈의 영향이 아니랄 수가 없다. 그렇다면 집묘는 해도 될까? 하지 말아야 한다. 공익사업 등 부득이한 사유로 이장하고자 하는 경우는 혈 증인 5악을 찾아서 이장해야 한다. 그렇지 않으면 누구든 피해를 받게 되는 것이 풍수 상식이다. 특히 오랫동안 현장을 다녀 본 경험으로는 당연한 귀결이다.

그리고 좋은 곳이 없으면 이장하지 말고 그대로 둔 채 일정하게 혼백만 옮기면 된다. 길한 곳이 없어 화장만 하고 정리한다면 문제가 있다. 화장 자체가 내리막으로 가는 지름길이기 때문이다. 좋은 곳에 있다가 화장으로의 장사는 엄청난 변화이다. 좋은 발복에서 끝난 것의 결과는 보지 않아도 뻔한 것이다. 그러므로 혈이 없다면 그대로 두어야 한다.

이처럼 조상의 묘지는 그대로 보존하는 것이 상책이다. 편리함을 핑계로, 벌초하기 힘들다고 하는 생각에 이장을 고려하고 있다면 재고해야 한다. 집묘에 따른 피해는 후손이 그대로 받게 된다는 점을 명심해야 할 것이다.

35. 매장과 화장의 승자는?

매장은 사람이 운명하면 땅속에다 묻는 것을 의미한다. 화장은 글자대로 화로에 시신을 넣어 태운 다음에 유골을 매장하거나 봉안당에 안치하는 등의 장사를 지내는 것을 말한다. 이를 두고 장법에서 장점을 찾아보면 이해가 된다. 매장은 혈증인 6악에 하는 방법과 6악이 아닌 4신사 등다른 방법에 따라 매장을 하는 것으로 구분해 볼 수가 있다.

6악에 의한 혈자리에 장사를 지내는 경우는 별다른 피해 의식 없이 길한 작용을 한다.[51] 이에 비해 혈이 아닌 곳에서의 매장은 많은 피해를 받는 것을 심심치 않게 볼 수 있다. 혈 속의 매장은 길한 작용을 하는 반면에, 화장은 시신을 불에 태운 후에 장사를 한 것으로 길한 곳에서의 매장은 풍수상 의미가 없다. 이에 대해 비교컨대 땅이 존재하는 곳, 즉 혈에 매장하면 길한 작용을 받는 것에 비해, 화장은 이러한 것이 사라져버리게 된다.

이렇다면 어느 것이 유리할까? 당연히 매장이다. 그러나 화장의 효과가 무해무덕하다는 등의 이유로 화장이 대세로 흐르고 있다. 특히 풍수를 하는 사람들이 이러한 주장을 전면에 내세우고 있는 것이 더욱 큰 문제로 대두되고 있다. 인간의 유체는 후손에게 뼈로 연결된다. 뼈는 시원적이다. 조상의 뼈가 없다면 후손에게 연결성이 사라진다. 그래서 유골은 함부로 없애거나 성상을 훼손시켜서 안 되는 것이다. 혈이 있다면 반드시 매장을 해야 한다고 생각된다.

화장을 하면 흉한 일이 발생될 소지가 많기도 하지만 조상을 2번 죽이

---

51 이 부분에 대한 연구는 풍수 학술인들의 여러 견해가 있다.

는 결과가 된다. 풍수를 연구하는 사람이나 배우는 사람에게 있어서 화장은 아주 좋지 못한 논리이다. 풍수를 모르는 사람이 화장을 하면 그럴 듯하게 좋은 것처럼 무해무덕하니 화장이 필연이라 할 수 있지만 풍수를 연구하는 사람의 입장에서는 풍수 혈 상식에 어긋난 논리다. 그것은 이 일을 해야만 돈을 번다는 생각이 있거나 그러하지 않으면 무지에서 비롯된 것이라 볼 수 있다.

화장은 원천적인 원료의 유실이며, 기회가 끝인 것이다. 풍수를 배워 좋은 곳으로의 이장이 원길이지, 화장이 어떻게 대길인지 묻고 싶다. 화장은 그야말로 모든 것의 단절이다. 그것도 길하면 좋지만 흉하기 때문에 분명히 재고해야 한다. 화장은 차선도 아니고 차차선도 아닌 백해무익(百害無益)하다.

[표 16] 매장과 화장의 차이

구 분	매 장	화 장	비 고
방 법	땅 속	여러 방법	
기 간	장 기	단 기	
영 향	후 손	조상 유골 버림	무해무덕이 아닌 손해
기 간	계 속	한 번	
관 리	복 잡	단 순	
관 리 자	필 요	불필요	
지속 관계	연 속	단 절	
길한 작용	유	무	
유 체	뼈	무	
장 점	유	무	
활 용	조상의 뼈	화장으로 활용 무	

보　완	이장 가능	이장 불가	화장은 완전 차단
기　념	유	무	
시간 지체	유 리	불 리	
상호 비교	길	흉	

36. 4상과 5악 6악은 일체를 이루는 같은 덩어리이다

풍수 고전에서 주장된 4상과 현재 주장하는 5악과는 딴 몸이 아니다. 특히 보다 발전된 6악은 4상을 바탕으로 세련된 논리로 풍수 혈적으로 같은 한 몸이다. 고전이나 현대의 서책을 보면 혈 4상의 그림과 6악을 분리하고 있으나 이는 잘못된 논리이며, 혈을 이해하지 못한 데서 나온 발상이다. 혈 4상은 거시적인 개념으로 혈을 4가지로 구분한 것에 지나지 않지만 4악으로 전순이 없다는 것이다. 이는 입수, 전순, 선익과 혈로 구분된다. 이는 6악에 의한 혈증으로 각각 혈 4상을 현장 확인하여 그림으로 나타내어야 하는 것이 앞으로의 과제이다. 혈 4상의 4악과 6악을 비교하여 보다 더 발전적인 서책이 나와야 될 것이다.

37. 혈의 사상도 등급을 매길 수 있다

혈의 사상인 와혈, 겸혈, 유혈, 돌혈에 대하여 [표 17]과 같이 아래의 요소들을 고려하여 품격에 대한 우선순위를 정할 수 있다. 제반 요소를 고려하여 평가한 우선순위는 ① 와혈, ② 겸혈, ③ 유혈, ④ 돌혈 순이 된다.

1) 입혈맥

와겸유돌 모두 입혈맥은 존재한다. 입혈맥이 있어야 물이 갈라지고,

양분된다. 입혈맥이 없으면 이러한 역할을 할 수가 없으며 당연히 혈이 성립될 수 없다. 입혈맥의 존재는 필연적이다. 지금까지 1악에 대한 의미가 없었으며 하는 일은 다양하다. 물을 갈라 주며 기가 지나가는 맥선의 길이 되며 더 진행하여 혈을 생성한다. 이처럼 1악인 입혈맥은 대단한 역할을 하고 있으므로 앞으로는 6악에 의한 4상의 그림이 서책(논문+冊)으로 생산되어야 할 것이다.

2) 혈의 설기

와혈은 설기가 없다. 이에 비해 겸혈·유혈·돌혈은 설기가 있다. 이 세 혈은 설기가 있어야만 혈이 될 조건을 갖추게 된다. 흙은 물을 만나면 설기가 된다. 흙은 삼투압의 원리 때문이다.[52] 설기는 물의 양이 많으면 많을수록 설기의 힘은 커진다. 이는 토양 침식(Soil-crepping) 현상이 일어나는 것도 이 범주에 들어간다.

3) 혈의 여기

와혈은 여기가 없다. 겸혈·유혈·돌혈은 여기가 있다. 이 세 혈은 여기가 있어야만 혈이 성립된다. 여기는 전순을 의미한다. 와혈의 전순은 혈에서 나가는 것이 아니라 선익의 끝 지점에서 나가므로 여기의 존재는 있을 수가 없다. 이에 비해 여타 혈은 혈 다음으로 연계되는 것이 전순이다. 전순은 혈의 남은 힘으로 된 것이다. 이가 여기이다. 따라서 와혈

---

[52] 삼투압의 원리는 배추를 절이는 것의 예에서도 볼 수가 있다. 배추와 소금의 관계이다. 배추에 소금을 뿌리면 소금이 물을 흡수한다. 이러한 원리가 삼투압이다. 흙과 물과의 관계도 삼투압의 적용 원리와 같다.

은 여기가 없고 그 나머지 혈은 여기가 있다.

4) 분합

와혈은 분합이 된다. 상분 하합이 모범이다. 이에 비해 겸혈·유혈·돌혈은 상분은 되나 하합이 되지 않는다. 이 세 혈은 하합이 되지 않아야 혈이 되는 속성이 있다.

5) 물길 수

나가는 물길은 하나의 물길이 좋고 가장 적당하다. 나가는 물길이 많으면 혈에서 설기되는 힘이 커서 혈을 지키는 데는 힘이 부칠 수밖에 없다. 그렇게 되면 설기가 많아져 혈이 생성되지 않는다. 물의 물러남은 1길이 가장 좋다. 하물며 비교 대상으로 적합할지 모르겠지만 아궁이의 구들장도 나가는 것은 일연(一煙)이다. 즉, 연기가 구들장 안에서 흩어져 있더라도 마지막 나가는 구멍은 하나다. 이에 따라 와혈은 전순 안에서 나가는 물길이 하나이다. 겸혈은 전순 안에서 나가는 물길이 2개이다. 유혈은 혈장 전체에서 나가는 물길이 3개이다. 돌혈은 물길 수가 가장 많은 7개로 나간다. 이는 우뚝 선 돌혈로서는 쳐 올려진 힘이 물로서라도 설기가 되어야 부드러운 혈이 될 것이란 의미로 볼 수가 있는 것이다.

6) 양득양파

와혈은 입혈맥 좌측과 우측의 물로 양득(兩得)이며, 일파수(一波水)이다. 겸혈은 입혈맥의 좌우측 물로 양득이며, 전순 안에서 2군데로 갈라져 나가는 양득양파수(兩得兩波水)이다. 유혈은 3군데서 얻어지는 물로

3득이며, 나가는 물 또한 3군데로 빠져 삼득(三得)이며 삼파수(三波水)[53] 이다. 돌혈은 7군데서 물이 얻어지는 7득이며 나가는 물 또한 7군데로 빠지는 칠득칠파수(七得七波水)로 양득양파는 겸혈이 모범이다.

7) 전순의 생성원리

와혈의 전순은 타인인 선익으로 연결되므로 타의 몸체로 전순이 생성된다. 겸혈·유혈·돌혈은 자기 스스로의 몸체로 입수도두, 혈, 전순의 종선으로 연결되어 이루어진다.

8) 혈의 형태

혈의 모양이 원·방·각인지 여부를 확인해야 한다. 와혈은 원의 형태이며, 겸혈은 직겸이 있는 것으로 방형의 형태이며, 유혈은 장유가 있는 것으로 역시 방형이다. 돌혈은 대돌이 있는 것으로 원과 방의 2가지 형태로 구성되어 있다.

9) 측면도상의 흐름

맥선 흐름은 경사와 평면의 경사를 보고 읽어 내야 한다. 와혈과 겸혈은 내려가는 경사지의 멈춘 곳에서 혈이 생성되며, 유혈과 돌혈은 돌출된 곳에서 혈이 생성된다. 다만 이 둘의 분석은 현침의 유무이다. 현침사가 4개 있으면 돌혈 없으면 유혈이다. 유혈에는 선익이 없으며, 돌혈에는 요성을 파조와 타탕으로 구분해서 분석한다. 돌혈은 수직으로 선

---

53 최원석, 『산천독법』, 한길사, 2015, 319쪽. 삼파수는 속산리산을 설명하면서 한강, 낙동강, 금강을 삼태극으로 지칭했다.

익이 붙어 있는 경우가 많다.

10) 전순의 연결성

입수도두 → 입혈맥 → 혈 → 전순은 연결성의 이해이다. 혈4상이 공통적으로 모두 같다. 다만, 와혈은 혈심에서 전순까지의 연결성이 되지 않는다. 앞에서도 언급했듯이 와혈은 선익을 통한 전순의 생성으로 이 점이 겸혈, 유혈, 돌혈과의 차이점이다. 이는 앞의 1~7번의 설명과도 관계가 성립된다. 이에 따라 길흉의 정도는 혈에서 모든 행위가 끝남이 있어야 길하게 된다.

[표 17] 혈 4상의 순위 분석

구분/元吉	와혈	겸혈	유혈	돌혈
입혈맥/되는 것	된다	된다	된다	된다
설기/없는 것	없다	있다	있다	있다
여기/없는 것	없다	있다	있다	있다
상분하합/되는 것	분합	상분	불가	불가
물길 수/하나가 좋은 것	1개	2개	3개	7개
양득양파/양득1파가 좋은 것	양득 1파	양득 양파	3득 3파	7득 7파
전순의 생성원리/타인이 만들어 준 것	선익	혈	혈	혈
혈의 형태/원 방 각 유무	원	방	방	원 방
측면도/경사(안착) 평면(불안-峰)	경사	경사	평면	평면
입수-입혈맥-혈-전순 연결성/혈에서 끝나야 길	부	여	여	여
혈의 순위는 ①와혈 ②겸혈 ③유혈 ④돌혈이다/구분에 의한 분석이다.				

38. 역장은 나쁜 것이다

일반인들이 역장을 싫어한다. 산줄기의 가장 윗자리에 조상의 최고 어른을 모시는 것을 당연한 것으로 여겼다. 이는 최고 어른에 대한 예를 표하는 것으로 이해했다. 그러나 조상을 모신 산줄기에 새로운 혈이 발견된다면 어떻게 처리하는지가 답이다. 혈 자리가 조상의 위(상부)가 되더라도 장사를 하는 것이 옳다고 본다. 혈을 버린다는 것은 가문의 입장에서도 큰 손해다. 조선 시대만 해도 역장의 사례는 많다. 율곡이나 퇴계 선생, 김장생이나 이정구 선생 묘도 역장이다. 죽은 자에 대한 조상의 서열보다는 혈의 의미를 중시하는 것이라 할 수 있다.

39. 황골이 나온다고 명당이 아니다

황골만 나온다면 풍수인의 생각은 명당이라고 한다. 혈이 아닌 경우도 있다. 방맥이나 토질이 황마사토인 경우에는 그 색깔에 따라 황골이 된다. 이럴 때 황골이라 하여 그곳에 매장을 하면 문제가 없을까? 분명히 문제가 따른다. 6악이 있는 곳에 매장을 하여 황골이 나오는 곳과는 비교된다. 이러한 경우 오해가 있을 수 있으므로 주의를 요한다. 혈증을 중요시해야지, 황골에 너무 매달려서는 곤란한 점이 발생할 수 있으므로 주의를 요한다.

40. 여기가 만들어지는 원리는 혈 사상 모두 동일하다

혈4상에서 여기는 각각 다르게 나타난다. 와혈은 여기가 나타나지 않는다. 여기가 없다. 이는 혈에서 완전하게 마무리가 되어 기운이 새나가지 않기 때문이다. 이에 비해 겸혈은 전순인 낙조사이며, 혈에서 빠져나

199

간 여기이다. 따라서 겸혈에서는 여기가 있어야만 혈이라 할 수 있다. 유혈은 겸혈과 동일하다. 입수에서 혈로 혈에서 전순으로 연결된다. 혈을 지난 전순은 여기로 생성이 되는 것이다.

돌혈은 겸혈이나 유혈과 같다. 힘은 입수를 지나 혈이 만들어지면서 그 나머지의 힘이 전순을 만들기 때문이다. 일반적으로 전순은 여기에서 만들어진다고 인식하고 있다. 이것은 풍수오판 중의 하나로서 전순이 무조건 여기라고 주장해서는 곤란하다. 혈의 여기는 혈의 사상별 형태에 따라 달라진다는 것을 알아야 한다.

41. 물의 분합은 혈 사상별로 다르게 나타난다

물은 혈상의 上에서는 갈라 주고 下에서는 합해진다. 이것이 분합이며 상분하합이다. 상분은 4상 모두 문제가 될 것이 없다. 분수척상(分水脊上)[54]이 물을 갈라 주기 때문이다. 분수척상은 입혈맥으로 이해하면 쉽고 빠르다. 이가 상분의 원리이다. 상분에서는 입혈맥으로 물이 갈라진다. 이는 혈4상의 공통 사항이다. 이에 비해 하합은 혈상마다 다르게 형성된다. 와혈은 하합의 모범이다. 하합이 되어야만 올바른 혈이 된다.

이에 비해 겸혈은 물길이 2군데로 갈라져 나간다. 올바르지 못한 하합이 되나, 이렇게 되어야지 올바른 혈이 생성된다. 유혈은 3군데로 나가며 3파가 되어야 혈이 되는 것이다. 돌혈은 7군데로 빠져나간다. 이는 하합이 되지 않음을 의미한다. 이러한 점이 풍수고전에서 주장하는 상

---

54 분수척상의 이해는 산을 보는 방법의 하나이지만 가장 기본이 되는 요소이다. 풍수고전에서 1촌만 높아도 산으로, 1촌만 낮으면 물로 보는 이치이다. 이를 보는 방법은 좌우의 측면으로 가면 보인다. 현장의 실습이 필요하다. 송재만, 『건강을 살리는 숯』, 문예마당, 2007, 56쪽.

분과 하합이 혈상에서 이루어져야 한다는 논리와는 많은 차이가 나며 현실성이 떨어진다.

42. 5색토가 나온다고 모두 혈이 아니다

혈에서의 5색토는 이루어지지 않는다. 왕색의 마사토가 있으면 황골이 된다. 수직으로 내려가는 토심은 토층마다 색깔에 차이가 난다. 이를 두고 5색토로 간주한다. 이는 잘못된 풍수 상식이다. 또한 천광의 깊이는 무조건적으로 깊게 파서도 곤란하다. 혈상마다 심장하거나 천장을 해야 되는 척도가 정해지기 때문이다. 이를 무시하고 임의로 5색토를 고집하기 위해 깊게 파는 경향이 있다. 이는 엄청나게 잘못된 풍수 상식이다.

심장은 전순을 기준으로, 천장은 선익을 기준으로 해야 되는 것이 기준이다. 5색토는 중앙이 토이므로 그 색이 황색이다. 좌측에는 청이, 우측에는 백이, 전순에는 적이, 입수에는 백이 이루어진다는 논리가 5색이다. 이를 놓고 무조건적으로 5색토가 좋다는 논리는 억지이다. 혈은 중앙이 황색이기 때문에 황골이 나오는 이치와도 뜻을 같이한다.

43. 쓸 만한 자리는 없다

풍수 현장에서 '이 정도 자리는 쓸 만한 곳인데….'라는 말은 아주 옳지 않다고 본다. 쓰면 쓰고 못 쓰면 쓰지 않는 것이 혈이다. 즉, 혈이 되면 장사하고, 혈증이 없으면 안 해야 된다. 그런데 현장에서는 이만하면 쓸 수가 있다는 식으로 말하는 것은 뭔가 의심이 간다. 혈을 모르거나 안다한들 대충 아는 것으로 문제가 따른다. 혈증을 안다면 이러한 말이 통용

될 리가 없기 때문이다.

또한 이 자리는 국회의원이 나올 자리, 도지사가 나올 자리, 시장이 나올 자리, 군수가 나올 자리, 아니면 대통령이 나올 자리라는 등의 말을 자주 들어 보았을 것이다. 과연 이러한 자리가 있는가? 선거는 경쟁에 의해 이루어진다. 나의 상대가 어떤지에 대한 비교가 우선되어야 이기는지, 지는지를 판단할 수 있는 것이다. 혈이 된다는 조건 아래에서는 비교가 어느 정도 가능하다고 본다.

첫 번째 분석은 선룡(旋龍)이다. 산의 돌아감이 입수에서 출발하여 전순까지의 입수맥을 보면 된다. 같은 조건이라면 우선은 좌선에 이길 수가 어렵지 않은가. 좌선이 우선에 앞서기 때문이다. 다음은 3성이다. 혈의 좌측에 귀성과 요성, 관성이 있다면 상당히 귀중하게 봐야 한다. 우측과의 힘에 의한 비교가 된다. 그다음은 입수와 전순과의 관계이다. 입수가 좋으면 진다. 전순은 표로 의식되기 때문이다. 전순은 타의에 의한 도움을 받는 우군이며 나를 도와주는 아군이다. 이에 비해 입수는 나만의 똑똑함이 오만과 교만이 넘쳐 화를 초래하기 쉽다. 그러므로 전순이 좋은 곳의 후손이 선거 싸움에서는 이길 수가 있는 것이다. 이러한 방법으로 구분하면 이해가 된다. 따라서 이만한 자리나 국회의원이 될 것이리란 논리로 자리를 평가하는 것은 잘못되었다.

44. 5행의 진실은?

5행은 현실적으로 진실일까라는 의문을 종종 가져 본다. 목은 좌측으로 판단되어 목성이라 칭해 자손의 번창이나 남성을 뜻했다. 금은 우측으로 둥근 형태의 금성이 되어 여성 계열이나 돈으로 해석했고, 화는 불의 형태로 자신을 돕는 객으로 생각하거나 남의 도움을 받는 부로 나타 내었으며, 북은 물로 지혜가 좋아 벼슬을 하는 것으로 판단됐다. 그러나 이러한 논리가 실제적으로 올바른 것인지에 대해서는 항상 의문을 가졌 다. 이에 대한 대답은 충분치 않고 있다. 스승들의 말을 오직 그대로 배 우거나 인용해서 사용하는 것이 무리인지, 그렇지 않으면 틀린 것인지 에 대한 의문도 항상 존재했다. 이 부분은 아직도 혼란스럽다.

다만, 몇몇 음택의 사례에서는 어느 정도 평가가 가능하다. 남안동 IC 부근의 민묘 이장 후 아들 변호사 시험 합격(좌선룡), 전 농협중앙회장의 조부 묘(좌선룡), 경상북도 의성군 가음면 장리 대구 구병원의 조부 묘(우 선룡), 의성군 금성면에 위치한 인도 대사의 형제들 선대 묘(좌선룡), 박 근혜 대통령의 조부모 묘(우선룡), 최형우 전 내무부장관의 조부모 묘(좌 선룡), 이상배 서울시장의 증조모 묘(좌선룡), 성산 IC 강군보 장군의 묘 (좌선룡, 후손 영의정), 김계원 비서실장의 조상 묘(좌선룡), 퇴계의 판의 금부사 5대 조모 묘(좌선룡), 경상북도 의성군 춘산면 면사무소 주변 묘 (우선룡:딸 결혼 전 사법시험 합격) 등은 5행의 해석과 일치한다. 그래도 이 외의 나머지 부분에 대해서는 의문이다. 앞으로도 이에 대한 연구는 계 속될 것이다.

45. 사택론(양택)을 맹신해서는 안 된다

사택론은 동사와 서사로 나누어진다. 이는 8방위를 기준으로 각각 4방 위로 나누어 명명됐다. 각 방위별로 문, 주, 조를 선택하기 때문에 맥선 이어야 하는데 맥선이 아닌 경우도 있어서 문제가 제기된다. 그 이유는 배산과 맥선, 역수와 대문과의 관계 때문이다.

맥선에는 안방이 있어야 하며, 그 안방이 측으로는 갈 수는 없다. 좌우측으로의 편중은 힘을 받기가 곤란하기 때문이다. 잠을 자는 시간대에 가장 좋은 곳이 되어야 하는데 측면으로 치우치게 되면 산이 돌아가는 역할로 회전맥이 된다. 이렇게 되면 산자는 회전에 의한 측면의 피해를 입기 때문이다. 따라서 문주조 중 주인방인 안방은 맥선에 놓여야 하는데, 4택론으로 보면 측면으로 가게 된다. 이러할 경우에도 사택론은 좋게 해석된다. 그렇다면 맥선과 4택이론은 상충된다. 따라서 4택과 맥선은 풍수이론상 같을 수가 없다. 이러한 이유로 4택론은 이론은 이해할 수가 있으나 실용성은 없으므로 사용해서는 곤란하다.

46. 피라미드와 히란야도 도움이 된다

혈은 자연이 만들어 준 자리라고 하면, 피라미드와 히란야는 사람에 의해 개발된 기(氣)의 논리로서 한 번쯤 시도해 볼 필요성이 있다. 피라미드는 그 효용성이 인정되어 실생활에 많이 사용되어 왔다. 면도날을 재생하여 100여 차례 이상 사용해 왔고 특허[55]를 받았으며, 피라미드 속에서의 미라 발견, 농업용의 종자 생산, 노화 방지 등에 활용하여 생산량을 증대 혹은 유익하게 활용해 왔으며 기타 여러 곳에서 긍정적으로 사용했다. 이러한 고로 사람에 의한 기(氣)를 응용함으로써 보다 많은 도움이 될 것으로 본다.

1) 피라미드

이집트의 가자 지구에 있는 피라미드는 아직도 풀리지 않는 수수께끼

---

55 허창욱, 『신과학으로 풀어보는 피라미트 에너지』, 모색, 1998, 64-74쪽.

가 무궁무진하다. 피라미드의 모양은 건조된 모래를 손으로 들고 밑으로 내리면 모래가 쌓여져 피라미드와 형태가 같다. 소금과 설탕도 피라미드와 같은 형태의 경사 기울기이다. 묘한 현상이 나타나는 것이다. 이 속에서는 자연스런 기가 생성되는 것이 아니라 사람에 의해 만들어진 기가 생성된다는 것이다. 이게 피라미드의 생성 원리가 아닌가 하는 생각이 든다. 피라미드와 유사한 형태의 모자를 쓰고 마술을 부리는 마술사는 왜 그러한 형태와 유사한 고깔모자를 쓰고 할까? 꼼꼼히 한번 생각해볼 필요가 있다.

피라미드의 종류는 오픈식, 커버링식, 혼합식이 있다. 오픈식은 뼈대만 설치하는 방법으로 커버링이 없다. 효과 면에서는 커버링과 별 차이가 없다고 한다. 커버링식은 뼈대에 천 등으로 덮는 구조로, 명상 등을 하는 경우에 커버링이 필요하다. 초창기에는 이 방법으로 했다. 혼합식은 윗부분만 커버를 하고 아랫부분에는 오픈으로 하는 구조체를 의미한다.

만드는 방법은 ① 기울기는 51° 51″ 14.3′ 가 정확하나 51° 52″으로 하면 된다. ② 가로의 2분의 1의 길이에 기울어진 길이가 1:1.618의 황금비이다. ③ 기울기가 정확하게 하지 않아도 되나 가능하면 위의 각도를 지켜서 하는 것이 좋다. 뾰족하거나 납작한 형태로도 된다. 그러나 각도 유지가 필요하다. ④ 4면 중 2면의 중앙은 남북의 자오선을 맞추어야 된다.

피라미드의 활용 용도로는 탈수 건조 효과, 농사용으로 활용, 신선도 유지, 학생모, 피라미드 용기와 주택, 텐트, 환자 치료 등이 있다. 만들어진 피라미드는 1면의 중앙을 진북 방향으로 맞추어 설치한다. 명상이나 잠은 북쪽으로 베개를 놓아야 된다.[56] 아래의 [그림 17]은 피라미드 에너지의 다양한 효과를 보여 주고 있다.

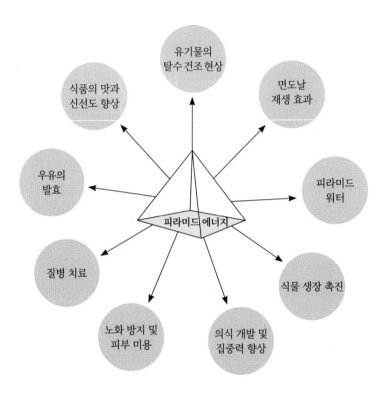

[그림 17] 스핑크스의 용도[57]

---

56 중강준재 지음, 조문덕 역, 『피라밋 파워 기 히란야 파워 기』, 문덕출판사, 1993, 34쪽.
57 허창욱, 『신과학으로 풀어보는 피라미드 에너지』, 모색, 1998, 37쪽.

[그림 18] 피라미드 집

피라미드를 비치하기에 좋은 장소는 5악의 혈 자리, 교란이 없는 곳, 전자기장 등 장애가 없는 곳, 금속류가 없는 곳, 셀폰·인터넷 등 전자기기는 2m 이상 거리를 둔 장소, 물이나 습기가 없는 곳, 양명한 곳 등이다. 커피, 과일, 야채, 고기와 냉동육, 우유, 치즈, 빵, 음식물, 곡물, 벌레 침입 등을 실험한바, 이들 모두는 긍정적으로 나타났다.[58]

2) 히란야

히란야는 산스크리트어로 황금의 빛, 황금의 별로서 부적과 유사한 호신부로 이해된다. 이는 깨달음과 무한대의 가능성 그리고 긍정적인 마인드를 발산하는 힘을 가져 건행(建幸)을 준다. 히란야는 재앙을 방어하고 복을 받아들인다는 것을 전해 받아 인도, 네팔, 남미, 아메리카 인디

---

58 빌케렐/케시고긴 지음, 김태윤 역, 『피라미트 에너지』, 물병자리, 1997, 34-52쪽.

언 등에서도 사용했다.[59]

　히란야와 유사한 형태는 벌집, 1000년 이상 산다는 거북이, 육지의 자라, 물의 결정체, 눈의 결정체, 우유의 결정체, 왕관 등 크리스탈 모양, 6각 별 등은 형태가 아주 유사하다. 피라미드는 입체이고, 히란야는 평면도형이다. 이는 6각형의 수수께끼이다. 벌은 6각형의 벌집에서 100% 부화된다. 히란야 위에 피라미드를 설치하면 그 힘이 3배로 강해진다.[60] 대구 동대구 역사 옆에 있는 신세계백화점 벽면에는 히란야가 여러 형태로 20여 개가 그려져 있어 지나다니는 사람에게 희망적인 '기'를 선사하기도 한다.

[그림 19] 히란야

59　동아일보, 히란야와 피라미트, 2020. 3. 30, A27면, 발행신문 참조.
60　야마다 다카오·데바 히데오, 『히란야 에너지』, 물병자리, 1998, 58쪽.

※ 피라미트와 히란야 사용 방법

1. 피라미트의 각도는 51° 52″ (51° 51″ 14.3′)을 맞추면 된다.

2. 만들어진 피라미트 1면을 남북선의 진북선에 맞춘다. 자북선에서 동쪽으로 5°를 당겨 놓으면 된다.

3. 동선이나 알루미늄 선으로 하는 경우에는 외부를 가릴 필요가 없다(투명하게 한다).

4. 마분지나 종이로 하는 경우에는 테이프로 붙여 처리한다.

5. 동선 등은 삼각대를 만든 다음 4개를 만들어 고정되게 한다.

6. 동선이나 마분지로 하는 경우, 삼각대 속에 식물을 넣어 상호 비교한다.

7. 히란야를 밑에 놓고 시도한다.

8. 식물 등은 일주일 정도 지난 후에 분석한다.

9. 미라, 면도기, 식물 성장, 여러 가지 크기 비교 등을 하는 경우에는 항상 비교 데이터를 작성하여 분석한다.

10. 분석하여 유리하게 나타나면 실생활에 활용하면 된다. 여기에서 기운(氣)이 방출된다.

11. 대비(비교)구를 마든다. 분석시 차이를 메모해 본다.
    ① 보통구 ② 투명구 ③ 카바링구 ④ 투명구+히란야 ⑤ 카바링구+히란야

12. 삼각형에서 밑변이 2m이면, 빗변의 길이는 밑변×1/2(1m)에 1.618을 곱하면 1.618m이며, 경사각은 51° 52″(51° 51″ 14.3′)이 된다.

예) 밑변이 50cm이면 50×1/2×1.618=40.5㎝로 약 40㎝가 빗변이며, 경사각
은 51° 52″(51° 51″ 14.3′)로 피라미드의 규격이 된다.

[그림 20] 피라미드 모형

부록 2

풍수지설 風水持說

1. 풍수적 양택보다는 부모에 대한 효도가 먼저다

부모에게 효도하는 마음은 행복이다. 집 자리도 위와 같은 마음으로 한다면 행복해진다. 아무리 집 자리나 묏자리가 좋아도 이러한 마음이 없으면 행복감이 떨어진다. 행복은 큰 데 있는 것이 아니라 작은 곳에 있다. 큰 집이 아닌 작은 집을 짓고 살아도 그 마음은 오히려 더 마음이 행복하다. 소박함이 행복을 만드는 것이다. 대궐 같은 큰 집은 길지 않은 시간에 가질 수가 있지만 여러 대를 걸쳐 계속적으로 나아갈 수는 없는 것이다. 3대 부자 없다는 격언이 이를 대변해 주고 있다. 이 말은 빈말이 아니다. 소박한 씀씀이를 가진 마음가짐을 가지라고 경계하는 말이다.

만약 부자가 대대로 잘산다면 빈자는 삶에 대한 희망이 없을 것이다. 세상사는 공평하다는 평범한 진리를 깨달아야 한다. 그래서 마음가짐이 있는 것이다. 이것이 해결되어야 비로소 풍수적인 의미가 퇴색되지 않을 것이다. 풍수적인 것보다는 인간적이고 도덕적인 면을 먼저 갖추어야 한다는 것이다. 이를 부정적으로 생각하여 효도 없는 집 자리는 의미가 퇴색될 수밖에 없는 것이다. 그러므로 부모에게 효도하는 전제 조건이 해결되어야만 풍수적인 혈 자리도 해결되는 것이다.

2. 양택은 음택에 비하여 다루기가 더 어렵다

음택은 이론체계가 확고하게 자리 잡혀 있고 양택은 그에 얹혀 있는 모양이다. 양택은 음택과 같이 혈의 개념으로 잡아내는 것도 아니고 4신 사로 찾아내는 것도 아니기 때문이다. 분명하게 말하지만, 양택은 장풍으로 판단할 수도 없는 문제이다. 그렇다면 무엇으로 판단해야 되는지에 대한 의문이 제기될 수밖에 없다. 그래서 과거 오랫동안 이것에 대한 해법을 찾으려고 고민을 해 왔으나 딱히 '이것이 답이다'라는 것을 찾을 수 없었다. 그러나 평소 집에 있는 시간보다는 현장에 나가 있는 시간이 많을 정도로 자연의 질서를 이해하는 데 집중적으로 시간과 노력을 투입한 결과, 경험칙상 다음과 같은 결론에 도달할 수 있었다.

첫째, 도시의 양택은 도로를 가장 먼저 고려하여야 한다. 도시에서는 먼저 눈에 띄고 실제 걸어 다니는 곳이 도로이다. 도로는 현대 건축학에서도 가장 우선적으로 고려해야 할 요소이다. 도로가 몇 차선인지도 상당히 중요하다. 해당 차선에 맞게 집을 조성해야 되기 때문이다. 또한 도로가 앞에 있는데 산을 기준으로 해서 놓으면 역으로 입지하는 결과가 된다. 그렇게 하면 불편한 사항이 한두 가지가 아니다. 그러므로 가장 먼저 도로를 보고, 그 도로를 기준으로 양택의 입지를 결정하여야 한다는 것이다. 이 도로를 이용하여야만 일상생활에 불편함이 없으며, 도로는 도시의 기능을 원활하게 하는 기반 시설이 되기 때문이다.

둘째는 물길이다. 물이 어디에서 와서 어디로 어떻게 흘러가는지에 대한 내용을 알아야 한다. 수관재물이라고 하여 물을 잘 이용하면 부자가 될 수 있다는 술수적인 문제도 있지만, 현실적으로 물을 잘못 관리하게 되면 폭우나 홍수 등으로 엄청난 피해를 입을 수 있기 때문이다.

물을 살핀 다음 세 번째로 보는 것이 산이다. 음택에서는 산 능선이 이어졌는지를 최우선적으로 살피는 데 반하여 양택은 산을 3번째로 판단한다. 양택 역시 풍수적인 논리가 적용되어야 하기 때문에 3번째로 판단한다고 해서 결코 중요성이 떨어지는 것은 아니다. 다만, 양택은 음택에 비하여 생활상의 편의를 고려하고, 먹고살기 위한 경제적 이익을 고려해야 되기 때문에 산에 앞서 도로와 물을 먼저 보는 것이다. 그 외에도 양택을 둘러싼 요소들이 무수히 많이 있지만 그래도 가장 먼저 분석하여야 할 부분은 ① 도로, ② 물, ③ 산이라고 생각된다.

그리고 여기에다 최종적으로 하나 더 접목시킬 부분이 있다. 그것이 바로 구들이다. 양택에 구들을 놓게 되면 풍수적인 요소나 사람을 위협하는 요소는 상당 부분 제거된다. 본론에서 언급한 바와 같이 『와혈비결』에서 구들은 와혈의 형상처럼 생겨 혈에 가깝다고 했다. 양택에서의 구들은 다른 방한의 방법보다 탁월하다. 이는 구들에 불을 넣기 때문인데, 구들에 불을 지피게 되면 6렴을 방어하거나 없애 버린다. 즉 불에 의해 목렴, 모렴, 충렴, 수렴, 화렴, 풍렴 등의 6렴이 일거에 처리된다. 양택의 구조에 구들을 설치하면 거의 모든 고민거리가 해결된다고 해도 과언이 아니다.

전기나 가스의 패널도 인간에게 피해를 준다는 것을 상식적으로는 이해를 하고 있다. 온수보일러나 전기보일러 등 여타 보일러는 물을 데워 온기를 전하기 때문에 물로 인한 문제가 야기된다. 보일러 밑에는 물이 존재하거나 인간에게 피해를 주는 물질이 항상 있다. 이는 수렴의 원인이 되며, 수맥의 이유가 되기도 한다. 구들의 경우는 이러한 물의 피해나 해로운 물질의 피해로부터 보호될 수 있다. 구들에 불을 지핌으로써 제거 내지 차단시킬 수 있다. 그래서 양택에서의 구들은 음택의 혈과 동일한 효과를 나타낸다는 것이다.

집을 지을 때 구들을 놓는다는 것은 음택에서 혈증이 있는 자리를 찾아 묘지를 만드는 행위로 볼 수 있다. 따라서 향후 양택을 마련할 때에는 구들 놓기를 권장한다. 택지 부족으로 풍수적인 길지를 찾지 못하더라도 구들이라는 방법을 활용하여 혈에 버금가는 효과를 올릴 수 있으리라 생각된다.

──── 참고 문헌

- 『와혈비결』
- 『인자수지』
- 『지리신법』
- 『청오경』
- 『황제택경』
- 김규환, 『어머니 저는 해냈어요』, 김영사, 2001.
- 김남응, 『구들이야기 온돌이야기』, 단국대학교출판부, 2011.
- 김상대·문경선, 『초고층의 이해−기술과 건축』, 사단법인 한국초고층도시건축학회, 2019.
- 김오재, 『내 손으로 짓는 한옥』, 경주남산귀농관광농원, 2018.
- 김준봉·문재남·김정태, 『온돌문화 구들 만들기』, 청홍, 2015.
- 관요 문재남, 『구들 쉽게 놓는 방법』, 청홍, 2014.
- 나는 몸신이다, 『9대암 극복 프로젝트』, 동아일보사, 2019.
- 빌케렐/케시고긴 지음, 김태윤 역, 『피라미트 에너지』, 물병자리, 1997.
- 송재만, 『건강을 살리는 숯』, 문예마당, 2007.
- 이나카키 히데히로 손민진 옮김, 『보약보다 좋은 채소』, 휴먼테라피, 2010.
- 인산가, 『인산의학』, 조선뉴스프레스, 2020.
- 임성은, 『자연치유 내 몸을 살린다』, 모아북스, 2012.
- 야마다 다카오·데바 히데오, 『히란야 에너지』, 물병자리, 1998.
- 유종, 『내손으로 구들 놓기』, 한문화사, 2016.
- 중강준재 지음, 조문덕 역, 『피라밋 파워 기 히란야 파워 기』, 문덕출판사, 1993.
- 장삼식, 『한한대사전』, 교육도서, 1993.

• 정주영, 『시련은 있어도 실패는 없다』, 제삼기획, 1991.

• 캐런할러 지음 안진이 옮김, 『칼러의 힘』, 월북, 2019.

• 최원석, 『산천독법』, 한길사, 2015.

• _____, 『사람의 지리 우리 풍수의 인문학』, 한길사, 1976.

• 허창욱, 『신과학으로 풀어보는 피라미트 에너지』, 모색, 1998.

• 동아일보, 「동아일보사」, 제30560호.

• _____, 히란야와 피라미드, 2020. 3. 30.

• 인터넷, 다음, "하늘인연" 절기표.

• 인테넛(미술풍수)

• _____, https://art3757.tistory.com/ [구들장, 구들장시공, 구들장공사, 황토 방 시공, 황토구들장 전문 이명호 황토와 함께하세요]

• WHO, 권고안.

──────── **표 목차**

—— **그림 목차**